オイカワデニム社長の及川洋《おいカわひろし》さん（写真《しゃしん》左）と、母親で前社長の及川秀子《おいかわひでこ》さん。
見晴らしのいい工場前の広場で、三陸海岸《さんりくかいがん》をバックに

ジーンズができるまで

①ジーンズになる前のデニム（原反《げんたん》）は、ロールの状態《じょうたい》でとどく

②裁断《さいだん》。型紙《かたがみ》に沿《そ》って、機械《きかい》で一気に切っていく

③裁断《さいだん》されたデニムが積《つ》みあげられる

④縫《ぬ》いやすいように、生地《きじ》を
アイロンで整《ととの》える

⑤専用《せんよう》のミシンで、心をこめて、
ていねいに縫《ぬ》っていく

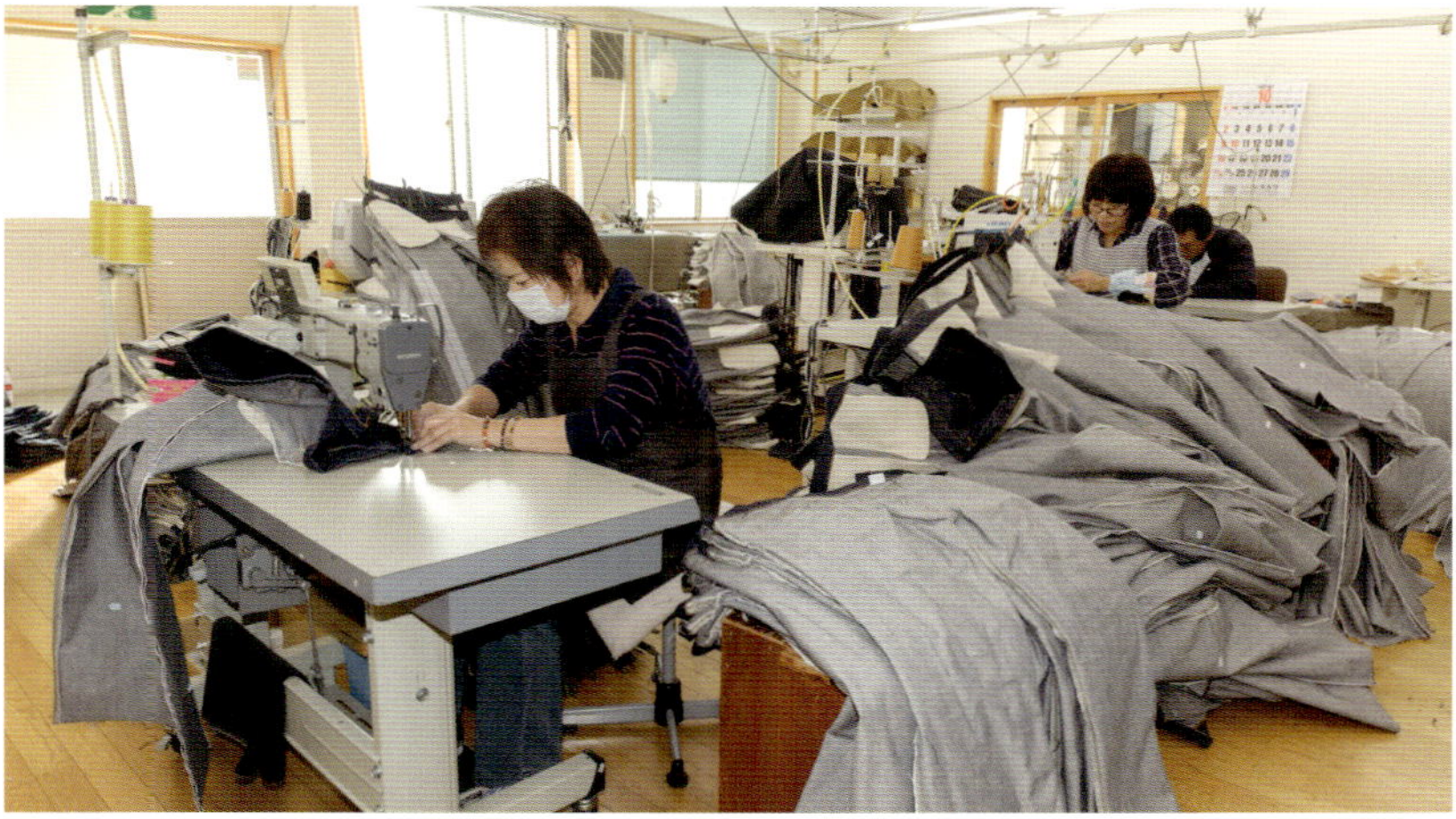

⑥完成《かんせい》！ 下が新品《しんぴん》のジーンズ。数年間はきこなすと、
上のジーンズのようにちぢんで味《あじ》のある色に変化《へんか》する

ワカメ、ホタテ、ホヤなどを養殖《ようしょく》する蔵内之芽組《くらうちのめぐみ》のメンバー。写真《しゃしん》左から三浦伸一《みうらしんいち》さん、及川敏《おいかわさとし》さん、及川淳宏《おいかわあつひろ》さん。震災《しんさい》のあと、オイカワデニムの工場を拠点《きょてん》にして、地域《ちいき》のみんなで助《たす》けあいながらくらした

1981年の創業《そうぎょう》以来《いらい》、質《しつ》の高いデニム製品《せいひん》を作り続《つづ》けてきたオイカワデニム。世界中《せかいじゅう》にファンを持《も》つオリジナルブランド「STUDIO ZERO《スタジオゼロ》」のジーンズは、従業員《じゅうぎょういん》一人一人の高い技術《ぎじゅつ》と、ものづくりを愛《あい》する心によって作られている

デニムさん

気《け》仙《せん》沼《ぬま》・オイカワデニムが作る復興《ふっこう》のジーンズ

今関信子《いまぜきのぶこ》＝文

感動ノンフィクションシリーズ

デニムさん

もくじ

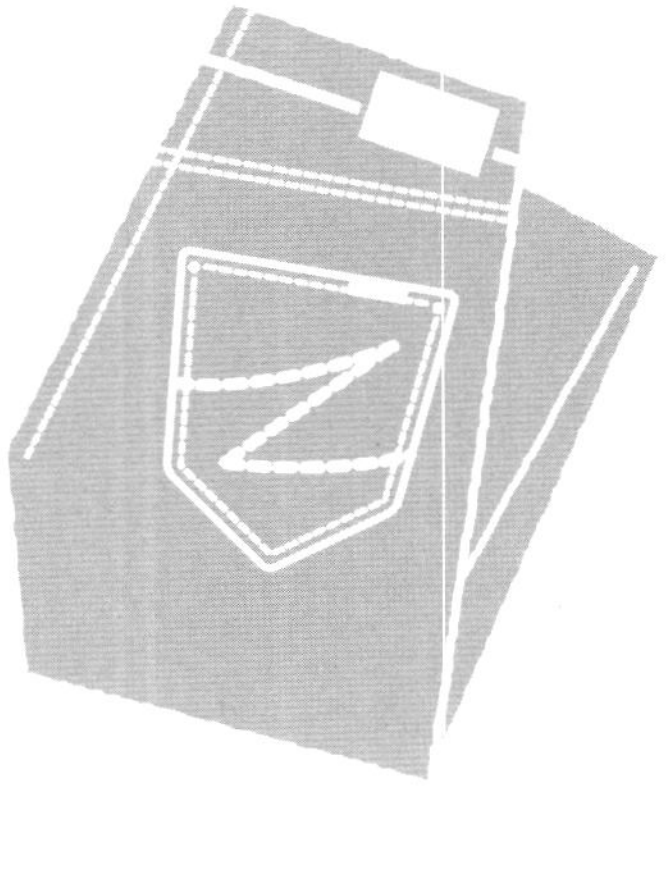

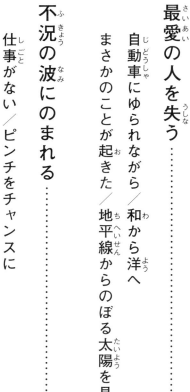

第《だい》1章《しょう》　最愛《さいあい》の人を失《うしな》う

自動車《じどうしゃ》にゆられながら

二〇一六年の秋、この本の取材《しゅざい》をするため、仙台《せんだい》を出た自動車《じどうしゃ》は、紅葉《こうよう》まっさかりの山々をぬけて、気仙沼《けせんぬま》に向《む》かっていました。ハンドルをにぎっているのは、編集者《へんしゅうしゃ》の藤本《ふじもと》さん、助手席《じょしゅせき》にはカメラマンの篠田《しのだ》さんがすわっています。

車窓《しゃそう》右手に海が見えてきました。秋晴れの空とよく似合《にあ》って、青くすんでいます。この海が、二〇一一年三月十一日に、海沿《ぞ》いの町におそいかかってきたなんて思えないほどおだやかです。

あの日を思いだして、わたしの呼吸《こきゅう》はみだれました。心臓《しんぞう》がはげしく打《う》ちだしたのです。関西《かんさい》に住《す》むわたしでさえ、この調子《ちょうし》です。

被災《ひさい》された方々の思いは、心の傷跡《きずあと》は、いかばかりでしょう。記憶《きおく》は決《けっ》して消《き》えません。心の傷跡は、これからも、さまざまな形で残《のこ》っていくでしょう。

あの日、マグニチュード9・0もの大地震《おおじしん》によって、この辺《あた》り一帯《いったい》が、四～六百年に一度《いちど》ともいわれるような大津波《おおつなみ》にのみこまれたのです。

わたしは、祈《いの》るような気持《きも》ちで、被災《ひさい》された方々を思いながら、海を見ていました。

あれから五年半、この町の人たちは、どんな思いでくらしてきたのでしょう。

（及川秀子《おいかわひでこ》さんって、どんな人かしら）

わたしは、これから会いにいく人に、思いをはせました。

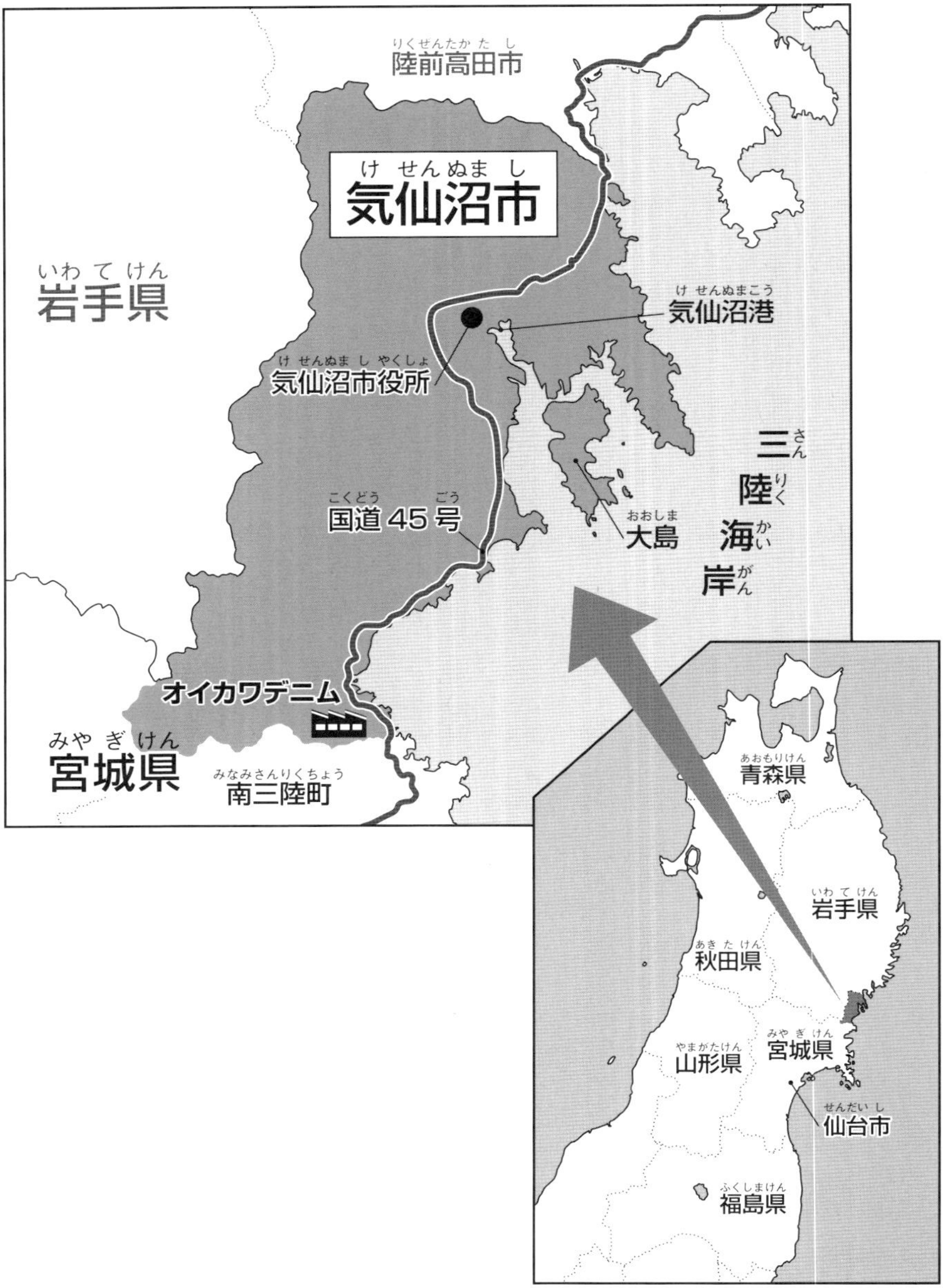
陸前高田市《りくぜんたかたし》
気仙沼市《けせんぬまし》
岩手県《いわてけん》
気仙沼港《けせんぬまこう》
気仙沼市役所《けせんぬましやくしょ》
三《さん》陸《りく》海《かい》岸《がん》
国道《こくどう》45号《ごう》
大島《おおしま》
オイカワデニム
宮城県《みやぎけん》
南三陸町《みなみさんりくちょう》
青森県《あおもりけん》
岩手県《いわてけん》
秋田県《あきたけん》
宮城県《みやぎけん》
山形県《やまがたけん》
仙台市《せんだいし》
福島県《ふくしまけん》

間もなく、藤本《ふじもと》さんが、自動車《じどうしゃ》を止めました。

「着《つ》きましたよ。気仙沼港《けせんぬまこう》です」

五年前、小さな連絡船《れんらくせん》で気仙沼《けせんぬま》の大島《おおしま》を孤立《こりつ》から救《すく》った連絡船《れんらくせん》の船長・菅《すが》原進《わらすすむ》さんを取材《しゅざい》するため、ここにきました。菅原《すがわら》さんの活躍《かつやく》は、『津波《つなみ》をこえたひまわりさん』（佼成出版社刊《こうせいしゅっぱんしゃかん》）という本になっています。

あのとき歩くにも苦労《くろう》するほどぬかるんでいた広場は、整備《せいび》されて駐車《ちゅうしゃ》場《じょう》になっています。港《みなと》には大型《おおがた》の船が停《と》まっています。こわれていた連絡《れんらく》船乗《せんの》り場は、改修《かいしゅう》されていました。

津波《つなみ》のあと、一番早く建《た》てられた市場は、品数《しなかず》がふえたようです。行き交う人の表情《ひょうじょう》も、ごくふつうに見えました。

（だいぶ落《お》ちついたようだわ。五年もたつんだものね）

わたしは、ほっと息《いき》をつき、取材《しゅざい》の準備《じゅんび》を整《ととの》えてから、また自動車《じどうしゃ》に乗《の》りこみました。

すると、五分も走らないうちに、クレーンやショベルカーが、勇《いさ》ましく動《うご》いている工事区域《こうじくいき》に入りました。

「うわあ、すごい工事《こうじ》やってるねえ」

気仙沼《けせんぬま》の旧市街地《きゅうしがいち》とそれに続《つづ》く場所《ばしょ》が、ようやく新しい街《まち》になろうとしているのです。

舗装《ほそう》のないでこぼこ道で車がゆれて、わたしは、何《なん》度《ど》も悲鳴《ひめい》を上げました。とつぜん出てくる迂回指示《うかいしじ》に、藤本《ふじもと》さんは苦戦《くせん》しています。誘導員《ゆうどういん》がいないので、道にまよいながら進《すす》みました。

「気仙沼《けせんぬま》は、今も、建設中《けんせつちゅう》なのね」

（だいぶ落《お》ちついたようだわ）と、気仙沼港《けせんぬまこう》でつぶやいた言葉《ことば》を思いだし、わたしは、自分の心のどこかにひそんでいる「よそ者《もの》の目」を恥《は》じました。

気仙沼市沿岸部《けせんぬましえんがんぶ》の工事《こうじ》のようす

和《わ》から洋《よう》へ

及川秀子《おいかわひでこ》さんのお住《す》まいは、小高い丘《おか》の上の仮設住宅《かせつじゅうたく》でした。たいていの仮設住宅《かせつじゅうたく》がそうであるように、プレハブの長屋《ながや》です。シーンとしていました。

「ここには、もう三世帯《せたい》しか残《のこ》っていません」

二〇一一年七月、秀子《ひでこ》さんが仮設住宅《かせつじゅうたく》に入ったときは、全部《ぜんぶ》で十八世帯《せたい》もの家族《かぞく》がいて敷地内《しきちない》はにぎやかでした。みんなが助《たす》けあい、たがいにはげましあっていました。

時間がたつと、くらしの場が整《ととの》って、一家族《かぞく》、また一家族《かぞく》と仮設住宅《かせつじゅうたく》から出ていきました。「おめでとう」「元気でね」と、にこやかに送《おく》りだしても、残《のこ》った人はさびしくなりました。寒《さむ》くなくても、寒《さむ》い感《かん》じがして、ドアをしめました。

秀子《ひでこ》さんは、津波《つなみ》がくる前から、町の婦《ふ》人防火《じんぼうか》クラブ連合会《れんごうかい》の会長をつとめ、日ごろから地域《ちいき》のみんなを気にかけてお世話《せわ》をしてきました。義務感《ぎむかん》からではありません。自然《しぜん》にそうしてしまうほど、みんなのためを思う人でした。

（わたしは、最後《さいご》までここにいよう。みんなを送《おく》りだしてから、ここを出ていこう）

そう決心《けっしん》した秀子《ひでこ》さんは、五年以上《いじょう》たった今も、ここで一人ぐらしをしています。

小さな玄関《げんかん》から続《つづ》く六畳間《じょうま》に、花やく

人けのなくなった仮設住宅《かせつじゅうたく》で、今も一人でくらす秀子《ひでこ》さん

だものに囲《かこ》まれた写真《しゃしん》がありました。

「オイカワデニムの初代《しょだい》社長です」

二十二歳《さい》のとき、秀子《ひでこ》さんは、呉服店《ごふくてん》を営《いとな》む及川明《おいかわあきら》さんと結婚《けっこん》しました。

結婚《けっこん》して十二年たったころ、明《あきら》さんがいいました。

「時代《じだい》が変《か》わったよ。呉服《ごふく》はやがて時代《じだい》おくれになって、商売《しょうばい》がうまくいかなくなると思うんだ。そこで、デニムの工場をやろうと思う」

「デニム？　なんで？」

デニムとは、ジーンズなどに使《つか》われる厚手《あつで》の綿《めん》の生地《きじ》のことです。

「東北で、ジーンズを縫《ぬ》える工場をさがしているメーカーがあるんだよ。ジーンズをはく人もふえたし、デニムは、これからのびると思うんだ。将《しょう》

次男《じなん》の洋《ひろし》さんをだっこする及川明《おいかわあきら》さん

来《らい》、きっと、あのときデニムに仕事替《しごとが》えしてよかったと思うときがくるさ」

着物《きもの》とジーンズ。同じ衣類《いるい》といっても、和《わ》と洋《よう》。布《ぬの》のあつかい一つでも、しなやかな布《ぬの》とごわごわの布《ぬの》では、ずいぶんちがうはずです。

とまどいはありましたが、「明《あきら》さんがやろうとしているのだから」と、一生懸命《いっしょうけんめい》力を合わせ、一九八一年に「オイカワデニム」を創業《そうぎょう》しました。

仕事《しごと》は、すぐに軌道《きどう》に乗《の》りました。

心配《しんぱい》はいらなかったようです。

まさかのことが起《お》きた

創業《そうぎょう》から十年、地元の人たちから「デニムさん」とよばれて親しまれ、順調《じゅんちょう》に仕事《しごと》が進《すす》んでいた一九九一年の一月、まさかのことが起《お》きました。

明《あきら》さんが病気《びょうき》で亡《な》くなったのです。四十八歳《さい》の若《わか》さでした。

二人には、上から昭彦《あきひこ》さん、洋《ひろし》さん、進《すすむ》さんという三人の子どもがおり、下の二人はまだ高校生でした。心配《しんぱい》した秀子《ひでこ》さんのお母さんは、毎晩《まいばん》、生まれ故郷《こきょう》の新潟県《にいがたけん》から電話をかけてきて、秀子《ひでこ》さんにいいました。

「みんなでこっちに帰っておいで。わたしらがいるし、子どもたちは、こっちの学校へ通えばいい。今なら、まだ、おまえたち家族《かぞく》を助《たす》けてあげられるよ」

お母さんの声には、子や孫《まご》を思う気持《きも》ちが、あふれていました。

（生活していくためには、お金がいる……。洋《ひろし》と進《すすむ》は、まだ高校生活が残《のこ》っている。もし、勉強《べんきょう》したいなら、大学にもいかせてあげたい。新潟《にいがた》に帰ってお母さんに助《たす》けてもらおう……）

秀子《ひでこ》さんがそんな決心《けっしん》をしかけたとき、子どもたちは子どもたちで、秀子《ひでこ》さんのことを考えていました。三人は、小さいころから、働《はたら》くお母さんを見てきました。

工場では、女の人がたくさん働《はたら》いています。秀子《ひでこ》さんは、小さな子どもを育《そだ》てている人には、早く帰ってご飯《はん》を作ってあげるように助言《じょげん》していました。年配《ねんぱい》の人には、ときどき休めるように気を配《くば》っていました。

自分たちの授業参観《じゅぎょうさんかん》には、必《かなら》ずかけつけてくれましたし、病気《びょうき》になって寝《ね》ているときは、仕事《しごと》の合間に飛《と》んできて、ようすを見てくれました。遠足のお弁当《べんとう》には、特大《とくだい》おにぎりが入っていました。

明《あきら》さんが亡《な》くなって、そろそろ一カ月になります。

「このごろ、おっかあ、少しやせたんじゃないかな」

「おっとうが死《し》んでから、おっかあ、夜、うまくねむれてないみたいだよ」

「つかれてるんだよ。それでも、がんばるのがおっかあだけど、このままだと、そのうちぶったおれてしまうぞ」

三人は、秀子《ひでこ》さんの体のことが、心配《しんぱい》になっていました。

ある晩《ばん》、兄弟で話しているとき、次男《じなん》の洋《ひろし》さんが覚悟《かくご》していいました。

「おれ、高校を卒業《そつぎょう》しても、大学にはいかない。おっかあを助《たす》けて、工場で働《はたら》く」

「なんだ、おまえもか」

「おまえもって、兄ちゃんも？」

当時二十歳《さい》の昭彦《あきひこ》さんは、山形県《やまがたけん》にあるデニム工場へ研修《けんしゅう》に出ていたのですが、すぐにもどってきて、オイカワデニムの大ピンチを救《すく》おうと、心に決《き》めていたのです。

弟の進《すすむ》さんも、口を開《ひら》きました。

「おれ、おっとうを助《たす》けて働《はたら》いていた、おっかあが好《す》きだよ」

三人は、それぞれ自分のことより、秀子《ひでこ》さんのことを考えて、いっしょにピンチを乗《の》りこえたいと願《ねが》ったのです。

たまたま通りかかった秀子《ひでこ》さんが、この会話を耳にしました。三人は、秀《ひで》子《こ》さんが聞いているのに気がつきません。肩《かた》をよせあって話し続《つづ》けています。

「さっき、おれ、おっかあのふとんしいてきた。いつでも寝《ね》られるようにし

ておいたんだ」

（あの子たちったら、いろいろ考えてくれて……）

熱《あつ》いものがこみあげてきて、秀子《ひでこ》さんは、胸《むね》がいっぱいになりました。なみだがこぼれそうになって、あわてて自分の部屋《へや》にいくと、ふとんがしいてありました。秀子《ひでこ》さんは、思いやりのこもったふとんを頭からかぶって、声を殺《ころ》して泣《な》きました。明《あきら》さんを見送《みおく》って以来《いらい》、ずっとがまんしていたからでしょうか、なみだがあふれて止まりません。

（三人は、わたしが明《あきら》さんとやってきたことを、みとめてくれているんだわ。そして、それぞれ、自分のできることで、わたしを支《ささ》えようと考えてくれた。ちゃんとこたえなければ……。そうでなきゃ、あの子たち、いくらがんばっても、自分たちではわたしの力になれないって、思ってしまうわ。そんなことだめよ。わたし、しっかりしなくちゃ……）

三人に勇気《ゆうき》をもらった秀子《ひでこ》さんは、工場でいっしょに働《はたら》いている人たちのことを考えはじめました。

(裁断《さいだん》だって、縫製《ほうせい》だって、ミシンの整備《せいび》だって、全部《ぜんぶ》「仕事《しごと》になれた手」が必要《ひつよう》だったわ)

オイカワデニムは、大量生産《たいりょうせいさん》を請《う》けおっている下請《したう》け会社ですから、布《ぬの》を切るのも、はさみでは切りません。原反《げんたん》という製品《せいひん》になる前の布《ぬの》を、何枚《なんまい》にも折《お》りたたんで、型抜《かたぬ》きのように切りだす仕事《しごと》が、裁断《さいだん》です。

裁断《さいだん》された布《ぬの》は、ミシンの担当《たんとう》に回ってきます。ここでは布《ぬの》と布《ぬの》を縫《ぬ》いあわせる、縫製《ほうせい》の仕事《しごと》をします。

どの仕事《しごと》も、「なれた手」にかかれば、すばやく正確《せいかく》に進《すす》んでいきました。

(工場をやめたら、働《はたら》いていた人たちは、働《はたら》く場所《ばしょ》がなくなってしまう。たくさんの「なれた手」が、むだになってしまう)

秀子《ひでこ》さんは、子どもたちのことも、従業員《じゅうぎょういん》のことも考えて、二代目《だいめ》社長になる決心《けっしん》をしました。

地平線《ちへいせん》からのぼる太陽《たいよう》を見た

社長になれば、その肩《かた》には責任《せきにん》がのしかかります。まず、従業員《じゅうぎょういん》は、ちゃんと給料《きゅうりょう》が支払《しはら》われなければ、くらしていけません。

また、手伝《てつだ》うといってくれた子どもたちに対《たい》しても、生活費《せいかつひ》をかせぐだけでなく、下の二人が高校を卒業《そつぎょう》するまでは、秀子《ひでこ》さんが父親の役目《やくめ》と母親の役目《やくめ》を果《は》たさなければなりません。

（弱音は吐《は》かない）

ちょっと気をぬけば、くずおれてしまいそうになる自分に、秀子《ひでこ》さんは、何度《なんど》も気合いを入れました。

そんなとき、秀子《ひでこ》さんが住《す》む本吉町《もとよしちょう》（二〇〇九年から気仙沼市《けせんぬまし》へ編入《へんにゅう》）から、声がかかりました。

「本吉町《もとよしちょう》の将来《しょうらい》のために、いろんな年齢層《ねんれいそう》のお母さんに、広い世界《せかい》を見てきてほしいんです。デニムさん、あなたもぜひいってください」

そして十月、本吉町《もとよしちょう》が主催《しゅさい》する国際交流事業《こくさいこうりゅうじぎょう》で、秀子《ひでこ》さんはアメリカへ研修旅行《けんしゅうりょこう》にいくことになりました。

この旅《たび》で、秀子《ひでこ》さんは、生涯《しょうがい》わすれられない経験《けいけん》をすることになります。

旅《たび》の三日目。その日の予定《よてい》は、イリノイ州《しゅう》の農家訪問《のうかほうもん》でした。

秀子《ひでこ》さんたち一行は、早朝のまだ暗《くら》いうちに自動車《じどうしゃ》に乗《の》りこみました。

車窓《しゃそう》に流《なが》れる広大なトウモロコシ畑《ばたけ》に、秀子《ひでこ》さんは思わずつぶやきました。

「それにしても、アメリカの畑《はたけ》って広いなあ。民家《みんか》が見えないわ」

自動車《じどうしゃ》は順調《じゅんちょう》に進《すす》み、夜が明ける前に訪問予定《ほうもんよてい》の農家《のうか》に到着《とうちゃく》しました。

本場のアメリカンコーヒーをごちそうになったあと、自由《じゆう》時間になったので、秀子《ひでこ》さんは、農家《のうか》の周《まわ》りを歩いてみることにしました。

遠《とお》くまでまっ暗《くら》です。木々が影《かげ》になって、立ちならんでいます。

空の星は、日本で見るより、大きく明るく見えます。

しばらくすると、辺《あた》りが白んできて、はるか遠くに地平線《ちへいせん》が見えました。

明るさをましてくる一点があります。そこから金色の光が、空や大地に放《はな》たれ、オレンジ色の太陽《たいよう》が顔を出しました。力強くのぼってきます。

そのとき、秀子《ひでこ》さんには、トウモロコシ一本一本、葉《は》っぱの一枚《まい》一枚《まい》が、そして、地球上《ちきゅうじょう》の命《いのち》あるものすべてが、みずみずしく生命力《せいめいりょく》を取《と》りもどしたように見えました。周《まわ》りの木々も、元気に立ちあがってくるようです。

集合《しゅうごう》の声がかかって、秀子《ひでこ》さんはわれに返《かえ》りました。

（わたし、今、トウモロコシのように、あの木のように、太陽《たいよう》に照《て》らされて、新しく命《いのち》をいただいたような気がしているわ。

わたし、明《あきら》さんが亡《な》くなってから、やみの中にいたのかもしれない。

でも、今は光に包《つつ》まれている。わたしも生きているんだって、今、はっき

秀子《ひでこ》さんが見たトウモロコシ畑《ばたけ》からのぼる朝日

イリノイ州《しゅう》の農家《のうか》のご夫婦《ふうふ》と秀子《ひでこ》さん

りわかった）

秀子《ひでこ》さんは、この朝の光を、しっかり記憶《きおく》しました。

帰国してから、秀子《ひでこ》さんは、元気いっぱい働《はたら》きました。幸《さいわ》いなことに、メーカーからの注文《ちゅうもん》は、途切《とぎ》れずに入ってきました。それどころか、秀子《ひでこ》さんが社長になって七年目には、ジーンズのブームがきたのです。

ジーンズをかっこよく着《き》こなす芸能人《げいのうじん》をテレビで見て、まねをする人がふえました。

美《うつく》しいインディゴブルーの色が、日本人好《ごの》みの色だったのでしょうか。ジーンズのかざらない着《き》こなしが、かっこよかったのでしょうか。何年はいてもやぶれない、強い布《ぬの》に魅力《みりょく》があったのでしょうか。

一人前の職人《しょくにん》になった洋《ひろし》さんが、工場をもりたてます。

進《すすむ》さんは、高校卒業後《そつぎょうご》、機械《きかい》のエキスパートを目指《めざ》し、ミシンの会社で研修《けんしゅう》にはげんでいます。

オイカワデニムの生産《せいさん》のピークは、一九九七年でした。それまで、一日の生産量《せいさんりょう》は、平均《へいきん》して四百本くらいでした。それが、ぐんぐんふえて、ピークのときは、一日七百本以上《いじょう》ものジーンズを仕上《しあ》げなければ追《お》いつかないほどでした。ミシンの音が、絶《た》え間なくひびいています。

秀子《ひでこ》さんは、工場全体《ぜんたい》を見わたし、従業員《じゅうぎょういん》の元気に働《はたら》くすがたを見ながら、(順調《じゅんちょう》にいっている)と感《かん》じました。工場をしめる危機《きき》を脱《だっ》した喜《よろこ》びで、秀子《ひでこ》さんはかがやいていました。

ところがこのとき、工場の外では、不気味《ぶきみ》な風がふいていて、大きな会社の経営者《けいえいしゃ》たちは、顔を青くしていたのです。

そうとは知らず、秀子《ひでこ》さんは、会社のことや家族《かぞく》のことを考えて、せいいっぱいがんばっていました。

1998年ごろ、旧《きゅう》工場の中で。写真《しゃしん》左から進《すすむ》さん、洋《ひろし》さん、昭彦《あきひこ》さん、秀子《ひでこ》さん

第《だい》2章《しょう》　不況《ふきょう》の波《なみ》にのまれる

仕事《しごと》がない

不景気《ふけいき》という黒い雲が、日本の社会全体《ぜんたい》を包《つつ》んでいました。そして、二十世紀《せいき》が終《お》わるころ、いよいよオイカワデニムにも、不気味《ぶきみ》な風がふいてきました。

オイカワデニムは、大手メーカーの注文《ちゅうもん》を受《う》けて、仕事《しごと》をしてきました。誠実《せいじつ》な仕事《しごと》ぶりが喜《よろこ》ばれて、これまで仕事《しごと》は途切《とぎ》れずにありました。

ですが、メーカーは、すでに準備《じゅんび》をしていたようです。オイカワデニムをたずねてきた担当者《たんとうしゃ》は、これからはじまる価格競争《かかくきょうそう》にそなえて、中国に

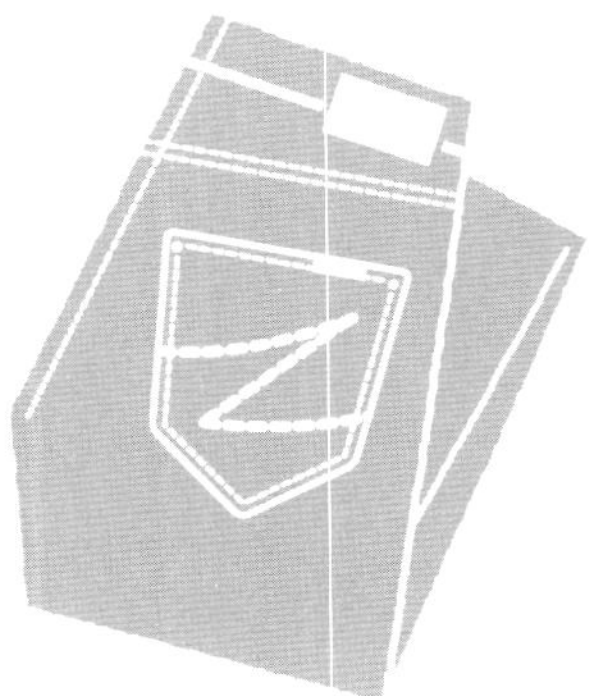

下請《したう》けの工場を作ったといいます。

「それでは、もう仕事《しごと》をいただけないのですか？」

中国は物価《ぶっか》が安《やす》いので、働《はたら》く人に払《はら》うお金も少なくてすみます。そこで中国の人に、ジーンズの作り方を教えて、オイカワデニムのように働《はたら》いてもらえれば、経費《けいひ》がへらせると計算《けいさん》したのです。

もたもたしていたら、メーカー同士《どうし》の競争《きょうそう》に生き残《のこ》れないと考えたのでしょう。下請《したう》け会社より、自分の会社が生き残《のこ》ることを優先《ゆうせん》したようです。

「仕事《しごと》は、いつからいただけなくなるのですか？」

答えを聞いて、秀子《ひでこ》さんは、耳をうたがいました。

（まさか！　でも今、たしかに一カ月後といったわ）

秀子《ひでこ》さんは、たしかめるつもりで、目をしばたきながら、目の前の人を見ました。その人は、気の毒《どく》そうに秀子《ひでこ》さんを見ていますが、決《き》まったことは変《か》わりませんでした。

（せめて三カ月前でもいいから、こうなることを話してくれていたら……）

秀子《ひでこ》さんは、文句《もんく》をいいそうになるくちびるを、ぎゅっとかみました。そして、落《お》ちつかなくなっている自分の心に、いい聞かせました。

（「なんとかして、仕事《しごと》をまかせてあげたい。注文《ちゅうもん》できるよう工夫《くふう》しよう」、そう考えているうちに、時間がなくなったのかもしれないわ）

その人と別《わか》れたあと、秀子《ひでこ》さんは肩《かた》をがっくり落《お》とし、動《うご》くことができませんでした。


秀子《ひでこ》さんは、仕事《しごと》をくれるところはないかと、走り回りました。

走り回ってみて、秀子《ひでこ》さんは、おどろきました。外国に工場を作った大きな会社がなんと多いことか。中国ばかりでなく、ベトナム、カンボジア、マレーシア、スリランカなどアジアの国々に、工場を作っていました。

秀子《ひでこ》さんとしては、なんとかして従業員《じゅうぎょういん》のくらしを守《まも》りたい。でも仕事《しごと》がなければ、給料《きゅうりょう》は払《はら》えません。

仕事《しごと》がないオイカワデニムを、辞《や》める人が出てきました。ミシンが動《うご》かない工場に、それでもこの仕事《しごと》が好《す》きな人が残《のこ》りました。なんとかこの人たちのために、仕事《しごと》をさがさなければなりません。

そのような状況《じょうきょう》の中、幸《さいわ》いだったのは、三男の進《すすむ》さんが、五年半の機械《きかい》の研修《けんしゅう》を終《お》えて、オイカワデニムにもどってきていたことでした。工場全《ぜん》体《たい》の管理《かんり》ができる長男、製品《せいひん》に関《かか》われる次男《じなん》、機械《きかい》にくわしい三男。兄弟三人が、秀子《ひでこ》さんを支《ささ》えて働《はたら》きはじめました。

やっと、仕事《しごと》が見つかりました。自衛隊員《じえいたいいん》が着《き》る迷彩服《めいさいふく》の縫製《ほうせい》です。手間がかかるわりには、もうけが少ない仕事《しごと》でした。

「はげしく動《うご》いてもやぶれないように、あっちこっちに当て布《ぬの》をするのは、大変《たいへん》だなあ」

口ではそういいますが、秀子《ひでこ》さんも残《のこ》った従業員《じゅうぎょういん》も、仕事《しごと》ができるだけでありがたいと思いました。だれもやりたくないなどといいません。

秀子《ひでこ》さんは、少ないもうけから、従業員《じゅうぎょういん》たちに一円でも多く配《くば》りました。それでも、給料袋《きゅうりょうぶくろ》の中身《なかみ》は、だんだん少なくなっていきました。

そんなある日、秀子《ひでこ》さんの耳に、従業員《じゅうぎょういん》たちのおしゃべりが聞こえてきました。

「今日は、もうすることないの？」

「働《はたら》かなくてもいいなんて、ぜいたくだけど、つまんないねえ」

(仕事《しごと》はない……。時間はある……。原反《げんたん》だって、こんなにたくさんあるわ。そうだ、あるものを生かして、今、やれることをしてみよう)

秀子《ひでこ》さんは、みんなにいいました。

「それじゃあみなさん、それぞれが一人で、好《す》きなジーンズを作ってみない？」

「一人で？」

「そう。いつもは流《なが》れに乗《の》って、同じ作業《さぎょう》をくりかえしているでしょう。でも、今回は、一人でデザインして、型紙《かたがみ》に起《お》こして、布《ぬの》を切りだして、ミシンで縫《ぬ》うのよ。裁断《さいだん》も、縫製《ほうせい》も、自分一人でするの」

一瞬《いっしゅん》、みんなとまどった表情《ひょうじょう》を見せました。が、すぐ笑顔《えがお》になりました。

「いいね、おもしろそう」

みんな、ものづくりが好《す》きで、オイカワデニムに残《のこ》った人たちです。工場に働《はたら》く楽しさがもどってきました。

一人で作るといっても、働《はたら》く仲間《なかま》はよい相談相手《そうだんあいて》になります。

「ポケットの位置《いち》だけど、もう少し下にしてもいいかな？　そのほうが、指《ゆび》が入りやすいと思うんだ」

「すそはストレートのほうが、すっきりするかな？」

夢中《むちゅう》になって作業《さぎょう》を進《すす》めるみんなといっしょに、洋《ひろし》さんもジーンズを作りました。

（みんな、やったことのない作業《さぎょう》も、自分なりに工夫《くふう》してるぞ。これこそ、ものづくりの楽しみだ。この経験《けいけん》は、きっといつか会社の財産《ざいさん》になる）

洋《ひろし》さんは、楽しそうな仲間《なかま》たちを見ながら、将来《しょうらい》のことを考えていました。

ピンチをチャンスに

ある日、以前取《いぜんと》り引きしていた会社の人が、秀子《ひでこ》さんに会いにきました。

今のようすを問《と》われて、秀子《ひでこ》さんは、工場の実情《じつじょう》を話しました。

「……と、いうわけで、今、製品《せいひん》の主力《しゅりょく》は、アフガニスタンで地雷除去《じらいじょきょ》に当たっている人たちの迷彩服《めいさいふく》です」

「そうだったのか。ほんとにたいへんなことになっていたんだねえ」

その人は、オイカワデニムの実力《じつりょく》を知っていたので、秀子《ひでこ》さんの話を聞いて、なんとかしてあげたいと奔走《ほんそう》してくれました。

　間もなく、その人の計らいで、オイカワデニムは、ふたたびジーンズの仕《し》事《ごと》ができるようになりました。

（仕事《しごと》がくる……、ジーンズが縫《ぬ》える……）

　インディゴブルーの布《ぬの》が、作業《さぎょう》のラインに乗《の》せられて、工場の中に、どんどん流《なが》れていきます。

　ドドドド、ダダダダ、デューダダダ
　電動《でんどう》ミシンの音が、工場に休みなくひびきます。従業員《じゅうぎょういん》たちは、生き返《かえ》ったようです。自分の持《も》ち場に責任《せきにん》を持《も》って、進《すす》んで働《はたら》いています。

（みんなも、ほっとしているんだわ）

　もどってきた仕事《しごと》に感謝《かんしゃ》しながら、秀子《ひでこ》さんは考えていました。

（下請《したう》けの仕事《しごと》は、取《と》り引き先の会社の都合《つごう》で、いつまた、仕事《しごと》がなくなってしまうかわからない。うちにしかできないオリジナルのジーンズを作れないかしら）

そう考えて、改《あらた》めて工場内を見て回るうちに、ひらめきました。仕事《しごと》がなかったとき、従業員《じゅうぎょういん》がそれぞれ、自分の好《す》きなように作った、個性《こせい》ゆたかなジーンズがあるではありませんか！　今思えば、あの試《こころ》みは、一人一人が、製品開発《せいひんかいはつ》をしていたともいえるのです。

秀子《ひでこ》さんは、洋《ひろし》さんたちに相談《そうだん》しました。

「みんなの実力《じつりょく》もついてきたし、オイカワデニムのオリジナル製品《せいひん》を売りだすチャンスは、今じゃないかと思うのよ」

「でも、うちがブランドを立ちあげるってことは、今までお世話《せわ》になってきたメーカーさんたちの商売敵《しょうばいがたき》になるってことだぞ」

「いや、これだけ下請《したう》けの仕事《しごと》がへってしまっているんだから、今なら、メーカーさんも納得《なっとく》してくれるんじゃないかな」

「そうか……。そうだね、反対《はんたい》に、応援《おうえん》しようといってくれるかもしれない」

相談《そうだん》の結果《けっか》を従業員《じゅうぎょういん》に伝《つた》えると、みんなが賛成《さんせい》してくれて、ブランドのかじ取《と》りは、洋《ひろし》さんにまかせることになりました。

ブランドの名前は、物事《ものごと》のはじまりや、ジーンズの原点に立ち返《かえ》るという意味《いみ》の「0《ゼロ》」とOIKAWA《オイカワ》の「O《オー》」をかけて、「STUDIO ZERO《スタジオゼロ》」に決《き》めました。

「STUDIO ZERO《スタジオゼロ》」のジーンズの特色《とくしょく》は、糸です。世界初《せかいはつ》の麻《あさ》だけでできた縫《ぬ》い糸は、丈夫《じょうぶ》なジーンズを作ります。この特殊《とくしゅ》な糸はふつうのミシンでは使《つか》えませんが、進《すすむ》さんが中心になって改良《かいりょう》したミシンなら、縫《ぬ》いあげることができるのです。

もう一つの特色《とくしょく》は、あらうたびにうきあがってくる美《うつく》しい縫《ぬ》い目です。不《ふ》仕事《しごと》がなくて自分のジーンズを作った、あのときに生まれた技法《ぎほう》です。不況《きょう》の波《なみ》にのまれて苦《くる》しかったときに生まれたステッチが、ブランドの特色《とくしょく》になったのです。

そして、それ以外《いがい》にも、洋《ひろし》さんが「STUDIO ZERO《スタジオゼロ》」の製品《せいひん》に、こだわってつけたものがありました。保証書《ほしょうしょ》です。ふつう保証書《ほしょうしょ》は、取扱説明書《とりあつかいせつめいしょ》といっしょに、電化製品《でんかせいひん》などについてきます。もしこわれたら、何年以内《いない》なら無料《むりょう》で交換《こうかん》しますとか、修理《しゅうり》しますと書いてあります。

取扱説明書《とりあつかいせつめいしょ》がついている服《ふく》はありますが、保証書《ほしょうしょ》がついている服《ふく》はありません。洋《ひろし》さんは、ジーンズの原点である「丈夫《じょうぶ》で長持《ながも》ち」を目指《めざ》した「STUDIO ZERO《スタジオゼロ》」の製品《せいひん》には、自信《じしん》とまごころの印《しるし》として、どうしても保《ほ》証書《しょうしょ》をつけたかったのです。

「STUDIO ZERO《スタジオゼロ》」に、少しずつお客《きゃく》さんがつきはじめました。はいてみると、かっこいい。それに、はき心地《ごこち》もいい。決《けっ》して派手《はで》ではありませんが、感《かん》じます。大量生産《たいりょうせいさん》のものにはない、一針《はり》一針《はり》に息《いき》づいている、ものづくりに対《たい》する深《ふか》い愛情《あいじょう》を感《かん》じるのです。

やがて、そのあきのこないデザインと、ていねいな仕事《しごと》ぶりに魅《み》せられた、熱心《ねっしん》なファンがつきました。日本国内だけでなく、イギリス、ドイツ、イタ

製品保証

この度は、（有）オイたワデニムの製品をお買い上げ頂き有難うございました。オーナー様には当製品を末永く愛用して頂きたくお買い上げ日より６ヶ月間を保証期間として無償にてアフターリペアサービスを提供しておりますのでご利用下さい。また、ボトムスに関しては１製品に対し１度のみの裾上げサービスをさせて頂いております。（修理内容の欄に裾上げ寸法の詳細を記載して下さい）

修理依頼の際は製品と当製品保証書を併せて下記リペアサービス係までお送り下さい。（当社のミスによる保証以外の送料はお客様負担でお願い致します。修理後、当社からは佐川急便の発送となりますがこちらも当生のミスによる保証以外は着払いとさせて頂きます）

尚、以下に該当する場合は保証外とさせて頂きますのでご注意下さい。

・当製品保証書にお買い上げ日時、ご購入者の氏名、住所、電話番号、修理依頼内容の記載が無い場合。
・故意による損傷、及び改造された製品。
・当製品及び付属などに記載されている取り扱い事項をお守り頂けなかった場合。

OIKAWA DENIM　リペアサービス係
〒９８８−０３２５
宮城県気仙沼市本吉町蔵内８３−１
TEL：０２２６−４２−３９１１FAX：０２２６−４２−３９１２
MAIL：o-denim@world.ocn.ne.jp

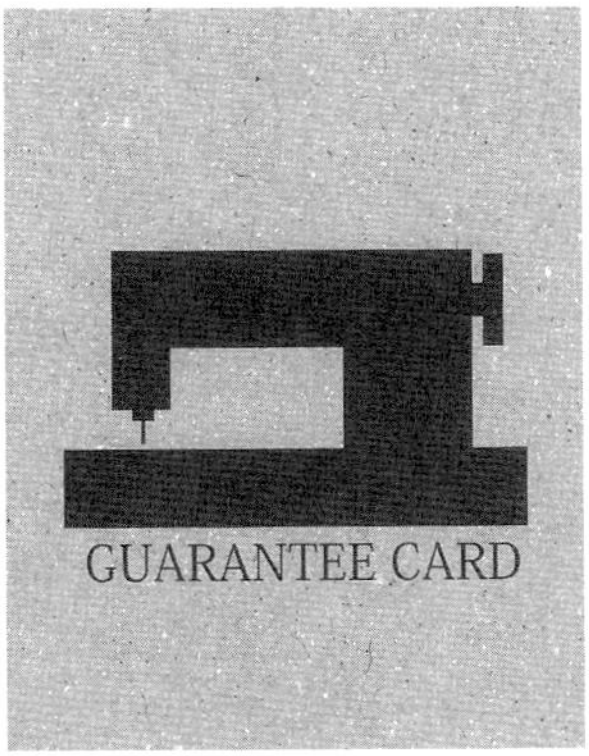

保証書《ほしょうしょ》の表紙《ひょうし》

購入《こうにゅう》から６カ月間、無料《むりょう》で修理《しゅうり》を受《う》けることができる

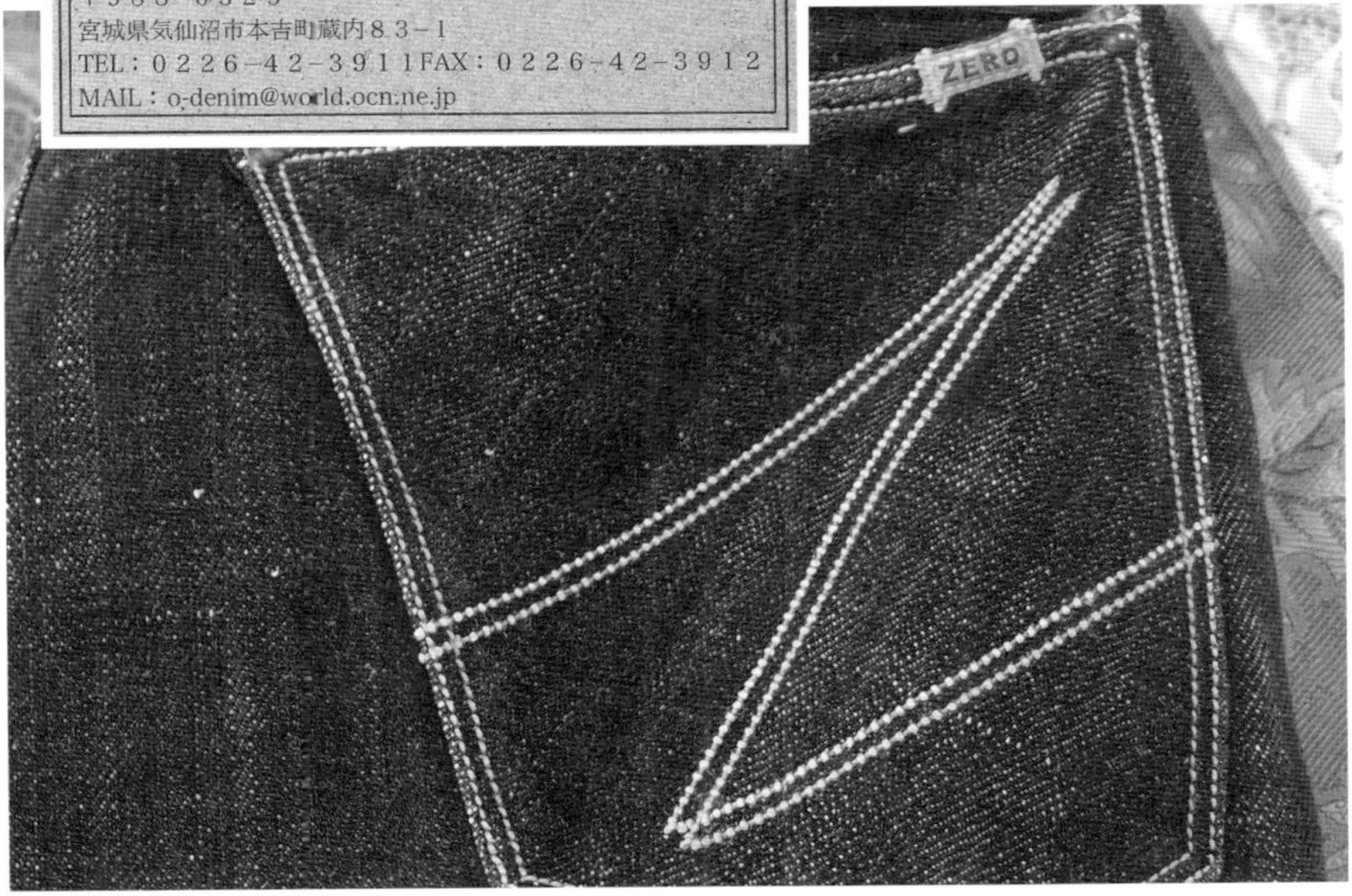

丈夫《じょうぶ》な麻糸《あさいと》による独自《どくじ》のステッチが自慢《じまん》

リア、ベルギー、ロシア、そして、北欧《ほくおう》の国々から、注文《ちゅうもん》が入ってきました。

洋《ひろし》さんが出向《でむ》いたヨーロッパでの展示会《てんじかい》では、「日本の職人《しょくにん》が一針《はり》ずつていねいに縫《ぬ》いあげた、丈夫《じょうぶ》で美《うつく》しく、上品《じょうひん》なはき心地《ごこち》のジーンズ」と絶賛《ぜっさん》されるなど、オイカワデニムの名前は、世界《せかい》中《じゅう》のジーンズファンの間で知られるようになりました。

ロシアのモスクワで、洋服《ようふく》のバイヤーと商談《しょうだん》をする洋《ひろし》さん

第《だい》3章《しょう》

津波《つなみ》にみまわれた

三月十一日、午後二時四十六分

小さいけれど、オイカワデニムは、自社ブランドの仕事《しごと》と、下請《したう》けの仕事《しごと》の両輪《りょうりん》で、これから先は経営《けいえい》が安定《あんてい》しそうでした。

二〇〇八年には、二つあった工場を統合《とうごう》して、新しい工場を高台に建《た》てました。この辺《あた》りで一番高い場所《ばしょ》です。

工場前の広場に立つと、目の前に一面《いちめん》の海が広がります。太平洋《たいへいよう》です。リアス式海岸《しきかいがん》ならではの入り組んだ海岸線《かいがんせん》も一望《いちぼう》できます。

二十五メートルほど下の平地《へいち》に、国道４５号《ごう》が走っています。

ジーンズを保管《ほかん》する倉庫《そうこ》は、その国道沿《ぞ》いにつくりました。出荷《しゅっか》を考えると、国道沿《ぞ》いが便利《べんり》だからです。

秀子《ひでこ》さんの家も、国道沿《ぞ》いの、海がすぐ近くに見える場所《ばしょ》にあります。夫《おっと》の明《あきら》さんと建《た》てた家です。

六十歳《さい》をすぎた辺《あた》りから、秀子《ひでこ》さんは、青い海を見ながら、（そろそろ引退《いんたい》しようかな）と、考えるようになりました。たいていの会社員《かいしゃいん》は、六十代《だい》になると定年《ていねん》をむかえます。

営業《えいぎょう》も担当《たんとう》している

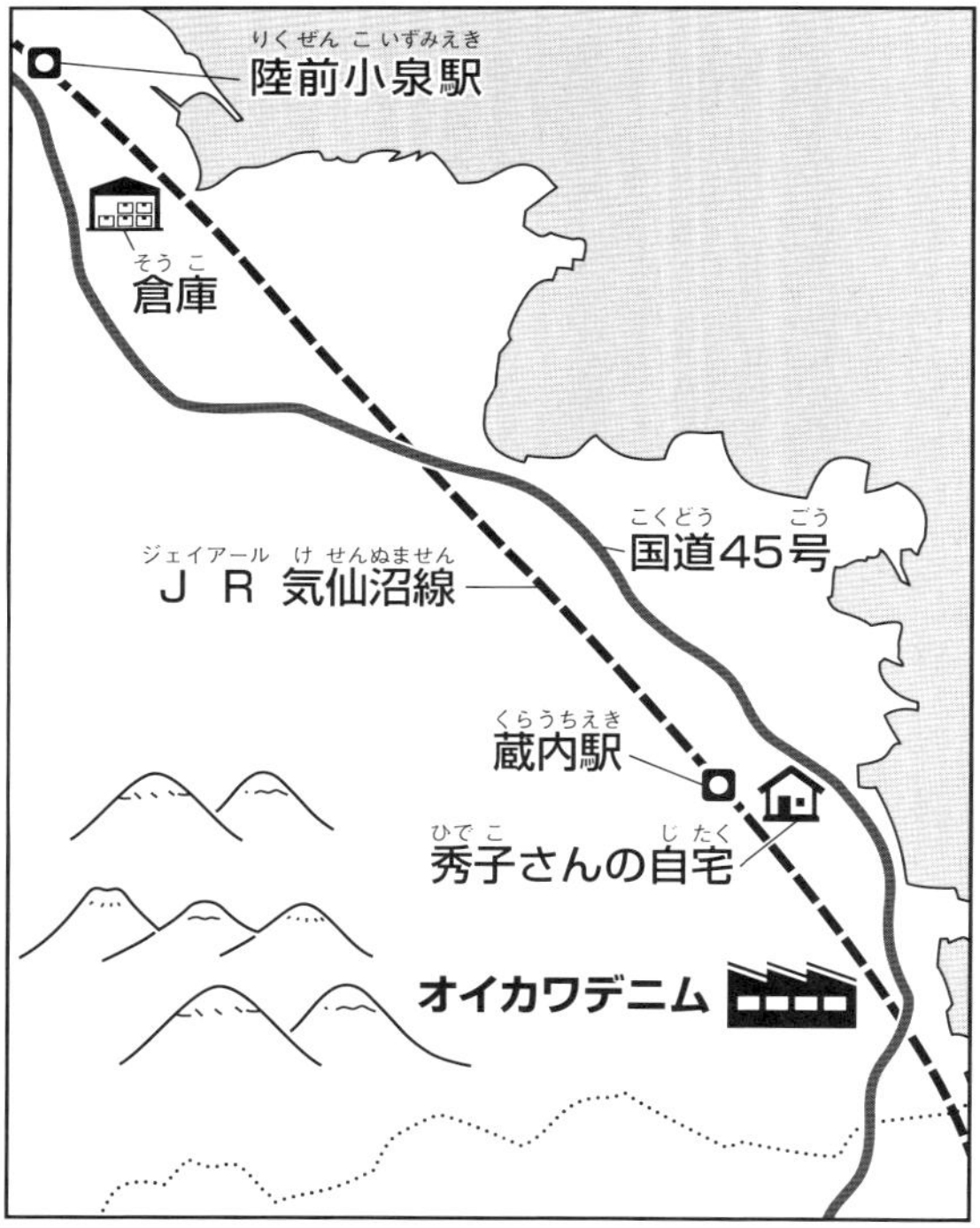

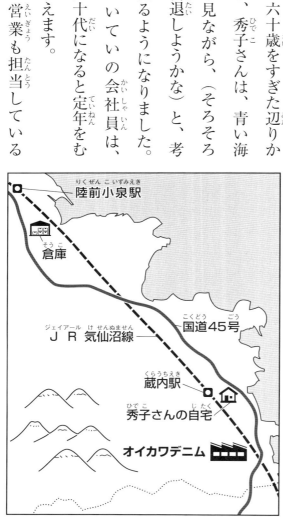

洋《ひろし》さんは、会社のこれからを考えて、新しいことを計画しているようです。

（まだ若《わか》いけど、責任《せきにん》を持《も》つようになったら、仕事《しごと》がきたえてくれるもの。うん、きっとだいじょうぶ）

そんなことを考えたら、笑《え》みがこぼれました。

二〇一一年三月十一日、秀子《ひでこ》さんは、気仙沼《けせんぬま》の市街地《しがいち》にある取引先《とりひきさき》で商《しょう》談《だん》をしていました。そしてむかえた午後二時四十六分。

とつぜん、はげしいゆれを感《かん》じました。

「地震《じしん》だ！」

このとき六十四歳《さい》だった秀子《ひでこ》さんは、それまでに、何度《なんど》も地震《じしん》を経験《けいけん》してきました。ですが、これは、今までの地震《じしん》とはちがいました。「ただものではない」のです。「どでかい」のです。この世《よ》の終《お》わりかと思うくらいの地《じ》震《しん》です。

秀子《ひでこ》さんの頭に、「津波《つなみ》てんでんこ」「命《いのち》てんでんこ」という言葉《ことば》がうかびました。

〝津波《つなみ》がくるとわかったら、てんでんばらばらになってもいいから、なにをおいてもにげる。一番は、命《いのち》だ。まずは、自分の命《いのち》を守《まも》ることが、かんじんだ〟——そんな意味《いみ》をふくんで、「津波《つなみ》てんでんこ」「命《いのち》てんでんこ」は、伝《つた》えられていました。四～六百年に一度《いちど》ともいわれる長い間隔《かんかく》で、とてつもなく大きな津波《つなみ》にみまわれてきた、この三陸《さんりく》地方に住《す》む人々が、教訓《きょうくん》として伝《つた》えてきた言葉《ことば》です。

（早く工場へもどろう。さっき、町のアナウンスが、六メートルの津波予報《つなみよほう》を出していたけど、あそこなら、国道から二十五メートルは高いから、安《あん》心《しん》だわ）

急《いそ》いで自動車《じどうしゃ》に飛《と》び乗《の》りましたが、海沿《ぞ》いを走る国道45号《ごう》は、同じように家路《いえじ》を急《いそ》ぐたくさんの車で渋滞《じゅうたい》しています。のろのろ進《すす》んでいると、景《け》色《しき》が開《ひら》けて海が見えました。よく見ると、茶色の横線《よこせん》が一本、まっすぐにこちらに向《む》かってきます。

「……津波《つなみ》だ」

今すぐ高いところへにげなければなりません。秀子《ひでこ》さんは、急《いそ》いでハンドルを切り細い山道へ入りました。そうしているうちにも、津波《つなみ》はあっという間に海岸《かいがん》から山をかけあがり、秀子《ひでこ》さんが運転《うんてん》している自動車《じどうしゃ》のタイヤをひたすまでになりました。

少し走ると、五メートルほどの土手を登《のぼ》れば、上の道路《どうろ》に出られそうなところがありました。秀子《ひでこ》さんは自動車《じどうしゃ》をおりて、土手を登《のぼ》ることにしました。木の根《ね》に足をかけて、体を引きあげます。手がかりがないところは、土の壁《かべ》につめを立てて登《のぼ》りました。指先《ゆびさき》がきずついて、血が流《なが》れていることにも、痛《いた》いことにも気がつきません。

夢中《むちゅう》で土手を登《のぼ》りきって、ほっとしている間にも余震《よしん》がきます。

（みんな、どうしてるかな）

家族《かぞく》の顔がうかびました。秀子《ひでこ》さんは、「津波《つなみ》てんでんこ」「命《いのち》てんでんこ」と、心配《しんぱい》をうち消《け》しました。みんな、それぞれ、一目散《いちもくさん》ににげているはずです。

秀子《ひでこ》さんは、自動車《じどうしゃ》でも一時間以上《いじょう》かかる山回りの道を、工場を目指《めざ》して歩くことにしました。日がくれかかるころ、雪がふりはじめました。途《と》中《ちゅう》、親切な人に雨がっぱやお菓子《かし》をもらったりして、なんとか歩き続《つづ》けましたが、気温《きおん》が下がるにつれ、体は芯《しん》から冷《ひ》えてきます。

どこまでいってもまっ暗《くら》な山道です。これ以上《いじょう》進《すす》むのは無理《むり》だと判断《はんだん》して、秀子《ひでこ》さんは、通りがかった中学校で休むことにしました。

避難所《ひなんじょ》に指定《してい》されている中学校は、にげてきた人でいっぱいで、秀子《ひでこ》さんが入れる場所《ばしょ》はありません。屋外《おくがい》で夜をすごす人のために、校庭《こうてい》ではたき火がたかれていました。秀子《ひでこ》さんは、たき火を囲《かこ》む人たちの中に入っていきました。

工場が避難所《ひなんじょ》に

そのころ、工場は、津波《つなみ》からにげてきた人で、ごった返《がえ》していました。あかちゃんをだっこしたお母さんがいます。お年寄《としよ》りがいます。漁師《りょうし》さんがいます。顔見知りの人もいますが、知らない人もたくさんいます。

津波情報《つなみじょうほう》は、一度流《いちどなが》れましたが、すぐ停電《ていでん》してしまったためでしょう。そのあとなんの知らせもありませんでした。それでも、みんなは「津波《つなみ》てんでんこ」「命《いのち》てんでんこ」を実行《じっこう》しました。鬼《おに》の形相《ぎょうそう》でせまってくる津波《つなみ》から、家も、財産《ざいさん》も、みなすてて、高台へにげてきたのです。

警報《けいほう》で告《つ》げられた津波《つなみ》は、六メートルでした。が、それが海岸《かいがん》にすがたをあらわしたときは、二十メートルをこえるほどの高さになっていました。

その津波《つなみ》が、家を次々《つぎつぎ》にのみこんでいきました。

ホタテの養殖棚《ようしょくだな》をがたがたにこわして、出荷《しゅっか》を待《ま》っていたワカメを全滅《ぜんめつ》させました。船も、網《あみ》も、浜《はま》に置《お》いてある漁《りょう》のための道具《どうぐ》も、のみこみました。自動車《じどうしゃ》をうきあがらせ、ＪＲ《ジェイアール》気仙沼線《けせんぬません》の線路《せんろ》をこわし、信《しん》じられない光景《こうけい》を見せつけながらあばれ回りました。

それから、津波《つなみ》は、一変《いっぺん》して引き波《なみ》になりました。鬼《おに》が宝物《たからもの》をぶんどっていくように、こわしたものや、のみこんだものをみなだきこんで、すごいスピードで引いていきました。すると、今まで見たことがない海底《かいてい》があらわれました。赤黒い絵の具《ぐ》をまき散《ち》らしたような、おそろしい色の海底《かいてい》です。

工場に集《あつ》まった人たちは、だれにいわれたわけでもないのに、ひとかたまりになっていました。みんなは、おびえていました。おそろしくて声も出ないほどです。

秀子《ひでこ》さんの息子《むすこ》たちは、三人ともそろっていました。

「おっかあは、どうしたかな」

オイカワデニムの工場から見た、津波《つなみ》がくる前の三陸海岸《さんりくかいがん》

工場の下を南北に走る国道45号《ごう》と周囲《しゅうい》の家々を、津波《つなみ》がのみこんでいく

しばらくすると引き波《なみ》が起《お》きて、海底《かいてい》がむきだしになった

「おっかあのことだ。なにがあっても、やれることは全力《ぜんりょく》でやってるはずだ。きっと帰ってくるよ」

三人は、おたがいの気持《きも》ちをたしかめるように、うなずきあいました。

集《あつ》まってきた人はみな、海を見ています。ぼうぜんとしている人も、かたずをのんでいる人も、なにもすることはできません。

「みんな持《も》っていかれた」

だれかがつぶやくと、

「なにもなくなった」

あっちからもこっちからも、ため息《いき》がもれました。

洋《ひろし》さんは、思わずいっていました。

「そういわないでください。ぼくたちには、命《いのち》がある」

洋《ひろし》さんは、ドキンとしました。

（おれ、今、おっかあのいいそうなことを、いったみたい……）

そのとき、大粒《おおつぶ》の雪がふってきました。

「兄ちゃん……」

「そうだね。中に入ってもらおう」

(兄ちゃんも、おっかあがいたら、どうするだろうって、考えたんだな)

進《すすむ》さんが、工場の入り口の戸を、思いっきり開《ひら》きました。

「みなさん、とにかく中へどうぞ」

昭彦《あきひこ》さん、洋《ひろし》さん、進《すすむ》さんの三人が先頭に立って、機械《きかい》やミシンを、倉庫《そうこ》にしまったり壁《かべ》によせたりしました。約《やく》百五十人もの人たちがここへにげてきている状況《じょうきょう》です。臨時《りんじ》ですが、工場を避難所《ひなんじょ》にしなければなりません。三人の覚悟《かくご》は、その真剣《しんけん》な眼差《まなざ》しに表《あらわ》れています。

工場には毛布《もうふ》が二、三枚《まい》ありましたが、これだけでは寒《さむ》さをふせぎきれません。そこで、まずゆかを空けると、段《だん》ボールをしきつめました。製品《せいひん》を入れるための段《だん》ボールですが、五枚重《まいかさ》ねればゆかの冷《つめ》たさをふせげます。

「原反《げんたん》はどうする？」

「おっかあなら、みんなを守《まも》るために、使《つか》えっていうよ」

兄弟は力を合わせて、段《だん》ボールの上に何枚《まい》も重《かさ》ねた原反《げんたん》を広げました。大《だい》事《じ》な原反《げんたん》ですが、あるものはすべて使《つか》いました。

なにしろ約《やく》百五十人の大所帯《おおじょたい》です。みんなは、体をくっつけあうようにしてすわりました。手足をのばして、横《よこ》になるスペースはありません。だれが指図《さしず》するわけではありませんが、みんなが、あかちゃんやお年寄《としよ》りに気を配《くば》っています。

少し落《お》ちつくと、のどがかわいていることに気がつきました。おなかもすきはじめています。ですが、電気も水道も止まってしまいました。電話もまったく通じません。

この工場は、災害時《さいがいじ》のために指定《してい》されている避難場所《ひなんばしょ》ではないので、ずっとここにいても救援物資《きゅうえんぶっし》がとどく見こみはありません。

だれもが不安《ふあん》でした。でも、一人一人が、じりじりする気持《きも》ちをなだめたり、泣《な》きたい気持《きも》ちをはげましたりして、がまんするより他《ほか》ありませんでした。

夕方、コンビニエンスストアと飲料《いんりょう》メーカーの配送《はいそう》用のトラックが一台ずつ、工場の敷地《しきち》に入ってきました。

「配達途中《はいたつとちゅう》で津波《つなみ》にあって、走れる道を走ってきたら、ここに出ました。配《はい》送先《そう》が、津波《つなみ》の被害《ひがい》にあったようです」

「では、積《つ》んでいる商品《しょうひん》は……、配送《はいそう》しないでもいい？　あつかましいですが、この人たちに、食べものと飲《の》みものを分けてもらえないでしょうか」

「わかりました。このようすでは、どの道も、すぐには使《つか》えないでしょう。いたむ前に、積《つ》んでいるもの全部《ぜんぶ》、どうぞめしあがってください！」

洋《ひろし》さんは、心の中でさけびました。

（天の助《たす》けだっ）

夜、みんなは、おにぎりを分けあって食べました。おなかはすいていますが、明日の分を残《のこ》しておかなければなりません。

暗《くら》い部屋《へや》の中で、ろうそくの火がみんなをはげましてくれます。

洋《ひろし》さんは、心の中でくりかえしていました。

（弱音は吐《は》かない。おっかあならがんばるはずだもの）

秀子《ひでこ》さんが帰ってきた

（おっかあ、どこにいるのかなあ……）

翌日《よくじつ》、洋《ひろし》さんが朝日がのぼる海を見ていると、昭彦《あきひこ》さんがやってきて、ぼそっといいました。

「帰ってこなかったな」

進《すすむ》さんが体をよせるように、となりに立っています。夜の間にふった雪が、辺《あた》りをまっ白にしていますが、さまざまなものがうかぶ鉛色《なまりいろ》の海は、昨日《きのう》の津波《つなみ》のはげしさを生々しく伝《つた》え、不安《ふあん》な気持《きも》ちをあおります。

働《はたら》きざかりの漁師《りょうし》さんたちが、外に出てきました。

「ねむれないのは苦《く》にならないけど、腹《はら》がへるのはどうも……」

「おなか、すきますよね」

「生きてる証拠《しょうこ》。がまん、がまん」

漁師《りょうし》さんが、おなかをさすっています。他《ほか》の漁師《りょうし》さんたちも、すきっ腹《ぱら》をなだめるようにさすりました。

今は、配送《はいそう》トラックの食料《しょくりょう》だけがたよりです。約《やく》百五十人がいるのですから、トラックが空っぽになるのは、時間の問題《もんだい》です。

おにぎりや、食パンを分けあって、朝ご飯《はん》を食べました。それから、寒《さむ》くてちぢこまっているお年寄《としよ》りを、毛布《もうふ》でくるんでやったり、あかちゃんのおむつがえを手伝《てつだ》ったりしましたが、みんなは体をよせあって、できるだけ動《うご》かないようにしていました。というより、なにをしていいのかわからず、動《うご》けなかったのかもしれません。

お昼をすぎたころ、外から漁師《りょうし》さんの大きな声がしました。

「デニムさんだ。デニムさんが、帰ってきたぞお」

（おっかあが生きていた！）

兄弟が飛《と》びだすより先に、女の人たちが外に飛《と》びだしていきました。

「社長、社ちょーう」

「よかった、生きてたあ〜！」

「秀子《ひでこ》さん、生きてたどー！」

みんなが、秀子《ひでこ》さんにだきついています。

もみくちゃにされながらも、秀子《ひでこ》さんは気丈《きじょう》にみんなをだきとめました。

あれから、秀子《ひでこ》さんは、中学校の校庭《こうてい》のたき火のそばで一夜をすごしました。もちろん、一睡《いっすい》もできませんでした。朝、にげる途中《とちゅう》でおいていった自動車《じどうしゃ》のところまでもどると、自動車《じどうしゃ》は問題《もんだい》なく運転《うんてん》できます。国道は津波《つなみ》にやられて通れなかったため、山回りの道を走ることにしました。道は雪で走りにくく、おまけに大渋滞《だいじゅうたい》で、いつもは一時間で走れる距離《きょり》なのに、六時間もかかってしまったのです。

進《すすむ》さんが、みんなに聞こえるほど大きなため息《いき》をつきました。ほっとしたのがよくわかって、昭彦《あきひこ》さんも笑《わら》いながらため息《いき》をつきました。

人垣《ひとがき》がわれると、秀子《ひでこ》さんは、三人に近寄《ちかよ》っていいました。

「心配《しんぱい》かけたね。連絡《れんらく》したくても、電話がだめで、ごめん」

「おっかあのことだから、帰ってくるって思ってた」

洋《ひろし》さんはわざとすました顔をして、秀子《ひでこ》さんがいなかった間のことを、かいつまんで話しました。秀子《ひでこ》さんはそれをうれしそうに聞くと、（よくやったね。ありがとう。あんたたちに会えて、うれしいよ）と、いろんな気持《きも》ちをまぜこぜにしながら、三人の肩《かた》を力いっぱいたたきました。たたくほうもたたかれるほうも、気持《きも》ちが通いあって、不安《ふあん》が一気にふっ飛《と》びました。

秀子《ひでこ》さんは、避難所《ひなんじょ》に変《か》わった工場を見回しました。

秀子《ひでこ》さんは、婦人防火《ふじんぼうか》クラブの現役《げんえき》の会長です。だから、災害《さいがい》にあったときの訓練《くんれん》が身《み》についていました。

（こんなときは、あたたかいものを口に入れるのが一番）

秀子《ひでこ》さんは社長ですから、工場のすみずみまで知りつくしています。工場ではプロパンガスを使《つか》っていました。点検《てんけん》すると、火はちゃんとついたので、配送《はいそう》トラックに積《つ》まれていたペットボトルの水を使《つか》って、お湯《ゆ》をわかしました。それから、何人かに手伝《てつだ》ってもらい、数えるほどしか残《のこ》っていないおにぎりを大事《だいじ》に使《つか》って、水気の多いおかゆを作りました。それを、いくつかの湯飲《ゆの》みに分けました。湯飲《ゆの》みは、従業員《じゅうぎょういん》のものを総動員《そうどういん》しました。

みんなは、あちこちに丸くなってすわり、湯飲《ゆの》みのおかゆを回して食べました。一口食べたら、となりの人に、一口食べたら、またとなりの人にと湯《ゆ》飲《の》みをわたすのです。だれもが空腹《くうふく》です。だからこそ、みんなは気をつけて、自分の食べる量《りょう》を守《まも》りました。

「おいしい」

「ほんとにおいしい」

「あったかいな～」

たがいにうなずきあう顔は、みんなほほえんでいます。

秀子《ひでこ》さんは、いいました。

「わたしたちは、しばらくここで共同生活《きょうどうせいかつ》をしていかなければなりません。だいじょうぶ、わたしたちは、できます。いつもなら、他人《たにん》の食べた残《のこ》りものなど、食べる気がしないでしょう。でも、今、みんなで湯飲《ゆの》みのおかゆを分けあって食べて、汁《しる》の一滴《いってき》も残《のこ》していません。きっと協力《きょうりょく》しあって生活していけるでしょう。生きぬきましょうね」

拍手《はくしゅ》が起《お》こりました。

「デニムさん、よろしく。おれらもがんばるよ」

漁師《りょうし》さんたちの皮《かわ》のあつい手は、とびきり大きな音を立てて、拍手《はくしゅ》しています。

秀子《ひでこ》さんが帰ってきて、臨時《りんじ》の避難所《ひなんじょ》である工場の空気が一変《いっぺん》しました。不安《ふあん》でちぢこまっていたみんなの気持《きも》ちが、ようやくほぐれたようです。

肩《かた》よせあってくらしだす

津波《つなみ》から二日がたった、三月十三日の朝。わずかばかりの朝食を分けあって食べているみんなを見ながら、洋《ひろし》さんは考えていました。避難所《ひなんじょ》の中のことは、秀子《ひでこ》さんが先頭に立って、なんとか切りぬけていけるでしょう。ですが、もうすぐ配送《はいそう》トラックの食品《しょくひん》がなくなります。たまたま車で通りがかって避難《ひなん》してきた人たちが、少しずつ、山側《やまがわ》の道を回って帰りはじめているとはいえ、地元の人たちを中心に、まだたくさんの人が残《のこ》っています。食料《しょくりょう》の問題《もんだい》は、切実《せつじつ》でした。

(うちの工場をたよって、こんなに人が集《あつ》まっているんだ。なんとかここを避難所《ひなんじょ》としてみとめてもらえないだろうか……)

しかし、県庁《けんちょう》にかけあおうにも、今は電話がまったくつながりません。

どうしたものかと考えあぐねていると、秀子《ひでこ》さんをたずねて、地元の漁《りょう》師《し》さんたちがやってきました。

「デニムさん、おれら、家はなんとか無事《ぶじ》だった。それはほんとにラッキーだったと思う。でも、家に帰ったところで飲《の》むものも食べるものもねえ。地《ち》域《いき》の指定避難所《していひなんじょ》もいっぱいで、家がなくなった人すら入れないような状態《じょうたい》だし、こっちにまで救援物資《きゅうえんぶっし》は回ってこねえ。病院《びょういん》に通わなきゃなんねえ年寄《としよ》りがいる家も多いし、こまったもん同士《どうし》、なんとか助《たす》けあえないかな」

「わたしたちもそうしたいの。うちの会社にはディーゼル車（軽油《けいゆ》を燃料《ねんりょう》にする自動車《じどうしゃ》）がある。漁師《りょうし》さんたちは船に給油《きゅうゆ》するための軽油《けいゆ》を持《も》ってるでしょ。うちの車はいくら使《つか》ってもいいから、お年寄《としよ》りを病院《びょういん》に連《つ》れていってくれる？」

「おお、それは助《たす》かる。軽油《けいゆ》は漁師仲間《りょうしなかま》からかき集《あつ》めるし、運転《うんてん》はまかせてくれ。これからの食べものはとにかく、今はまず通院《つういん》や薬《くすり》が必要《ひつよう》な人たちをなんとかしなくちゃな……」

その会話を聞きながら、洋《ひろし》さんは決意《けつい》していました。

（一《いち》か八《ばち》か、とにかく県庁《けんちょう》のある仙台《せんだい》に向《む》かってみよう）

洋《ひろし》さんは、それを秀子《ひでこ》さんに伝《つた》えると、さっそく行動《こうどう》にうつしました。

山道をぐるっと回って自動車《じどうしゃ》を走らせると、仙台《せんだい》に入った辺《あた》りでようやく携帯電話《けいたいでんわ》がつながりました。そこで、以前《いぜん》会社のことで親身《しんみ》になって相談《そうだん》に乗《の》ってくれた県庁《けんちょう》の職員《しょくいん》さんに、電話で事情《じじょう》を説明《せつめい》しました。

「そうでしたか、それはたいへんでしたね。わかりました。オイカワデニムの工場を、正式《せいしき》な避難所《ひなんじょ》に指定《してい》して、物資《ぶっし》をとどけられるように動《うご》いてみます」

その後、オイカワデニムの工場は、この職員《しょくいん》さんの働《はたら》きかけのおかげで民間第一号《みんかんだいごう》の避難所《ひなんじょ》としてみとめられ、すぐに救援物資《きゅうえんぶっし》がとどくようになりました。

最初《さいしょ》の救援物資《きゅうえんぶっし》がとどいたその日の夜、秀子《ひでこ》さんはみんなの前で考えていたことを話しました。

「ここを、被災《ひさい》した人みんなの拠点《きょてん》にしたらどうかと思っています。もう、ほとんどの人は家にもどれるようになったけれど、電気も水道もまだきていないんだし、これからだって、まだなにが起《お》こるかわからない。だから、力を合わせられるようにしましょう。ここなら、救援《きゅうえん》の食料《しょくりょう》がとどくからみんな集《あつ》まるし、連絡《れんらく》もつきやすいわ。そこで、会長、副《ふく》会長の他《ほか》に、それぞれの役割《やくわり》を持《も》った班《はん》と、その長を決《き》めませんか」

「いいね。そうしよう」

「わたしたちは、食料《しょくりょう》を平等《びょうどう》に分ける、仕分《しわ》け班《はん》を作りましょう」

「おれはバイクがあるから、通信長《つうしんちょう》をやるよ。いろんな情報集《じょうほうあつ》めてくるわ」

「医療班《いりょうはん》も必要《ひつよう》なんじゃないか。おれもそうだが、毎日薬《くすり》を飲《の》まなくちゃいけない人も多いだろう。医者《いしゃ》は苦手《にがて》だけど、おれ、がんばって、医療長《いりょうちょう》

ぎり
料水
トイレッ

やるわ」

その他《ほか》にも食事班長《しょくじはんちょう》、物資仕分班長《ぶっししわけはんちょう》、衛生班長《えいせいはんちょう》、子守班長《こもりはんちょう》など、みんなは責任《せきにん》の重《おも》い役《やく》を、次々《つぎつぎ》と立候補《りっこうほ》して引き受《う》けていきました。

役割分担《やくわりぶんたん》が決《き》まると、秀子《ひでこ》さんは、いつもより大きな声でいいました。

「一日一回、朝集《あつ》まって話し合いをしましょう。相談《そうだん》しなければならないことは、そこで話しあいましょう」


避難所《ひなんじょ》になった工場には、物資《ぶっし》といっしょに、さまざまな情報《じょうほう》もとどくようになりました。気仙沼市街地《けせんぬましがいち》で、大規模《だいきぼ》な火災《かさい》があったこと。指定《してい》されている避難所《ひなんじょ》を中心に、おにぎりなどが配《くば》られていること。救援活動《きゅうえんかつどう》は、訓練《くんれん》していたようには進《すす》んでいないこと。見つからない人の消息《しょうそく》をたしかめるために、壁新聞《かべしんぶん》がはりだされていること……。とにかく雑多《ざった》な情報《じょうほう》ですが、今回の事態《じたい》を前にして、みんなが混乱《こんらん》していることはわかりました。

三月十五日。津波《つなみ》から四日目に、秀子《ひでこ》さんは、ガレキを乗《の》りこえ、足元の安全《あんぜん》を確保《かくほ》しながら、自分の家を見にいきました。

なにもありませんでした。家の土台だけが残《のこ》っています。四日前まで、あたりまえのようにそこにあった集落《しゅうらく》が、そっくり消《き》えてしまっていたのです。

夫《おっと》の明《あきら》さんの顔がうかんできました。この家は、アパート住《ず》まいだった二人が、力を合わせて建《た》てた家です。子どもたちを育《そだ》てた家なのです。

子どもたちのらくがきが、部屋《へや》の壁《かべ》に残《のこ》っていました。明《あきら》さんが、似合《にあ》うよとほめてくれた服《ふく》が、タンスにしまってありました。

(全部流《ぜんぶなが》れてしまった……。アルバムも、ない……)

秀子《ひでこ》さんは、気がつくとこぶしで胸《むね》をたたいていました。くやしい気持《きも》ちが手伝《てつだ》ったのか、こぶしに力が入っていました。

「痛《いた》い。痛《いた》いじゃないの！」

秀子《ひでこ》さんは、こぶしをにらみました。こぶしが、わなわなふるえています。

自分のこぶしなのに、気持《きも》ちをわかってくれる人のようで、秀子《ひでこ》さんは、こぶしに頭を下げました。

「痛《いた》かったわ。けど、この痛《いた》み、生きている証拠《しょうこ》よね。はっぱをかけてくれたのね。しっかりしなきゃ」

胸《むね》の痛《いた》みは、秀子《ひでこ》さんの思いに共感《きょうかん》するように、しばらく消《き》えませんでした。

完成《かんせい》直後の自宅《じたく》（1978 年）

2011 年 3 月 15 日。自宅《じたく》があった場所《ばしょ》に立つ秀子《ひでこ》さんと昭彦《あきひこ》さん

ミシンの音がひびいた

三月も残《のこ》り少なくなったある日、漁師《りょうし》さんが六人そろって、改《あらた》まったようすで秀子《ひでこ》さんのところにやってきました。

「デニムさん、おれら、このまま、じっとしているわけにはいかねえんだ。なんとか復興《ふっこう》しなければならねえ。それで、相談《そうだん》なんだが、復興《ふっこう》の音を、この工場から立ててけらい。気仙沼《けせんぬま》で生きていく音を、この工場で、最初《さいしょ》にひびかせてけらい」

「工場をスタートする？」

秀子《ひでこ》さんは、面食《めんく》らいました。津波《つなみ》におそわれてから、まだ二週間です。自衛隊《じえいたい》やボランティアの人が、くらしの支援《しえん》のために、お風呂《ふろ》を用意《ようい》してくれたり、あたたかい汁《しる》をふるまってくれたり、それこそ全力《ぜんりょく》で応援《おうえん》してくれていますが、電気や水道などのライフラインは、いまだに回復《かいふく》していません。

「電気がないと、ミシンは動《うご》かせません」

「それは、おれらがなんとかする」

漁師《りょうし》さんたちは、秀子《ひでこ》さんをまっすぐ見て、胸《むね》をはっています。

（みんな、本気なんだわ……）

漁師《りょうし》さんたちは、できるなら、復興《ふっこう》の声を海から上げたいにちがいありません。でも、漁師《りょうし》さんの仕事場《しごとば》は、津波《つなみ》であらされて、手がつけられない状態《じょうたい》です。ホタテの養殖《ようしょく》をしていた棚《たな》は流《なが》され、海の底《そこ》はかき回されてしまいました。この海を復興《ふっこう》させるには、まだまだ時間が必要《ひつよう》なのです。

漁師《りょうし》さんたちの気迫《きはく》が、秀子《ひでこ》さんの背中《せなか》をおしました。

「わかりました。やりましょう」

秀子《ひでこ》さんがうなずくやいなや、漁師《りょうし》さんたちは動《うご》きだしました。

海の男の行動力《こうどうりょく》には、あれ地をつき進《すす》むブルドーザーのいきおいがあります。ネットワークも、強力な磁石《じしゃく》のようです。必要《ひつよう》な情報《じょうほう》を、どんどん引きよせて、間もなく、漁師《りょうし》さんたちは、大型《おおがた》の自家用発電機《はつでんき》をかしてくれる会社をさがしあてました。

さっそく、トラックで借《か》りにいきます。国道はまだ整備《せいび》されていませんから、山回りの道を使《つか》います。国道が使《つか》えれば片道《かたみち》四十分の距離《きょり》を、半日かけて運《はこ》んできました。

漁師《りょうし》さんたちが着々《ちゃくちゃく》と準備《じゅんび》を進《すす》める中、秀子《ひでこ》さんは、オイカワデニムの全従業員《ぜんじゅうぎょういん》を集《あつ》めました。

約《やく》半数の従業員《じゅうぎょういん》は、家を失《うしな》っていましたが、全員《ぜんいん》の顔がそろいました。

秀子《ひでこ》さんは、みんなを見回してから、いいました。

「みなさん、よく集《あつ》まってくれました。なによりと思うのは、いっしょに働《はたら》いていた人が、一人も欠《か》けずに集《あつ》まれていることです。ありがたいことです。

みなさん、助《たす》かったのだから、生きているのだから、仕事《しごと》をはじめましょう」

どよめきが起《お》こりました。たしかに、従業員《じゅうぎょういん》や避難《ひなん》している人たちの家《か》族《ぞく》は全員無事《ぜんいんぶじ》でした。ですが、まさか、まだこんな状態《じょうたい》のときに……と、おどろいたようです。

「うちの工場は、これまでも、もうおしまいかと思うことが何度《なんど》かありました。でも、みんなで乗《の》りこえてきましたね。

みなさん、復興《ふっこう》の音を、わたしたちの会社からひびかせましょうよ。やる気を出しましょう。希望《きぼう》につながる気持《きも》ちです。

こんなときですから、ここにくるのがむずかしい人もいるでしょう。十分だけでもいいです。働《はたら》きましょう。働《はたら》いて、なくなってしまったものを、取《と》りもどしていきましょう」

ウォーッと、みんなから喜《よろこ》びの声が上がりました。

「働《はたら》かないでいると、どこかふわふわしていて、ちゃんと地面《じめん》に立っていないような、おかしな感《かん》じなんだ。働《はたら》く場所《ばしょ》ができるなんて、ありがたいことだ」

「わたしは、少ししか顔を出せないけど、よろしく」

「わたしのほうこそ、よろしくねぇ」

手を取《と》りあっている従業員《じゅうぎょういん》一人一人を見ながら、秀子《ひでこ》さんは、（この人たちを、守《まも》らなければ……）と、改《あらた》めて決意《けつい》を強くしました。


工場を動《うご》かす日は、四月四日に決《き》めました。

その日に向《む》けて、避難所《ひなんじょ》の副会長《ふくかいちょう》をしていた漁師《りょうし》の三浦正一《みうらしょういち》さんが中心となって、発電機《はつでんき》を配線《はいせん》し、漏電《ろうでん》がないか丹念《たんねん》に点検《てんけん》しました。こんなときに火事《かじ》が起《お》きたら、とんでもないことになります。用心に用心を重《かさ》ねるくらいで、ちょうどいいのです。

このころには、避難《ひなん》していたほとんどの人たちが自宅《じたく》で寝泊《ねと》まりできるようになっていたので、壁《かべ》ぎわによせてあったミシンも、みんなで力を合わせて、元の形にならべました。工場は避難所《ひなんじょ》から、仕事《しごと》の場へともどっていきます。

そしてむかえた四月四日。

午前八時三十分ちょうどに、秀子《ひでこ》さんが、スタートの合図をしました。デニムを切る音が、軽《かろ》やかにひびきました。裁断《さいだん》した布《ぬの》が、ミシンのところへ配《くば》られてきます。

ダーッ、ダダダダ、ダダーッ、ダダダダ

工場の音です。工場が生き返《かえ》った音です。

ダーッ、ダダダダ、ダダーッ、ダダダダ
ダーッ、ダダダダ、ダダーッ、ダダダダ

ダーッ、ダダダダ、ダダーッ、ダダダダ

ダーッ、ダダダダ、ダダーッ、ダダダダ

自分の家にもどった人も、知り合いの家に間借《まが》りをすることができた人も、このときを待《ま》っていました。津波《つなみ》におそわれたあの日、まっ暗《くら》な工場で、ねむれない夜をともにすごした人たちに見守《みまも》られて、工場の仕事《しごと》は順調《じゅんちょう》に進《すす》んでいきます。漁師《りょうし》さんたちも、お年寄《としよ》りも、あかちゃんをだっこしたお母さんも、工場前の広場に集《あつ》まってこの音を聞きました。

「いい音だ」

「復興開始《ふっこうかいし》の音だ」

しばらくして、秀子《ひでこ》さんが、工場から出てきました。

「おかげさまで再開第一号《さいかいだいごう》の製品《せいひん》が、仕上《しあ》がりました」

秀子《ひでこ》さんは、みんなの前に、できあがったばかりの製品《せいひん》を高々とかかげま

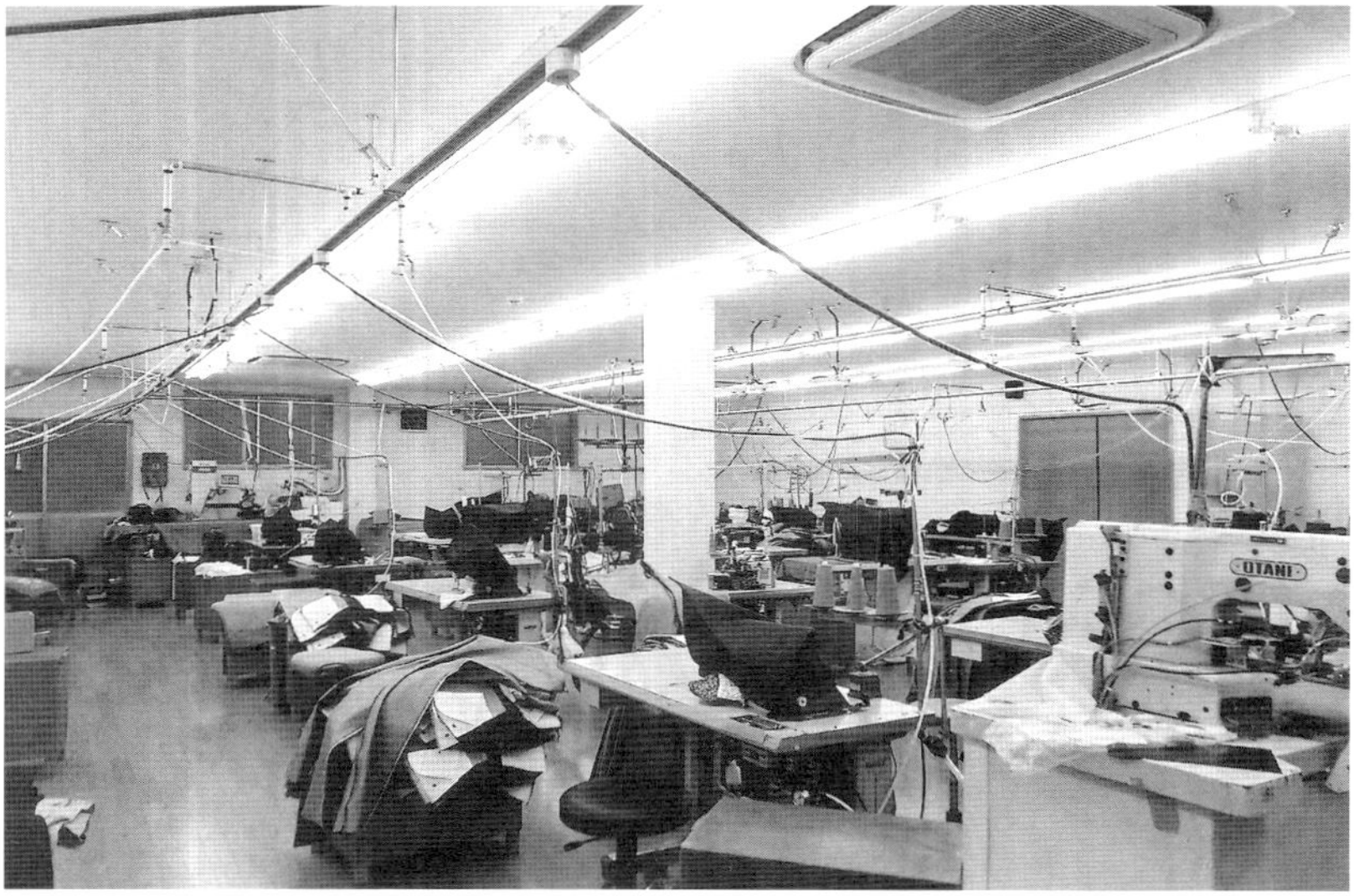

多いときは約《やく》150人が肩《かた》をよせあってくらした工場

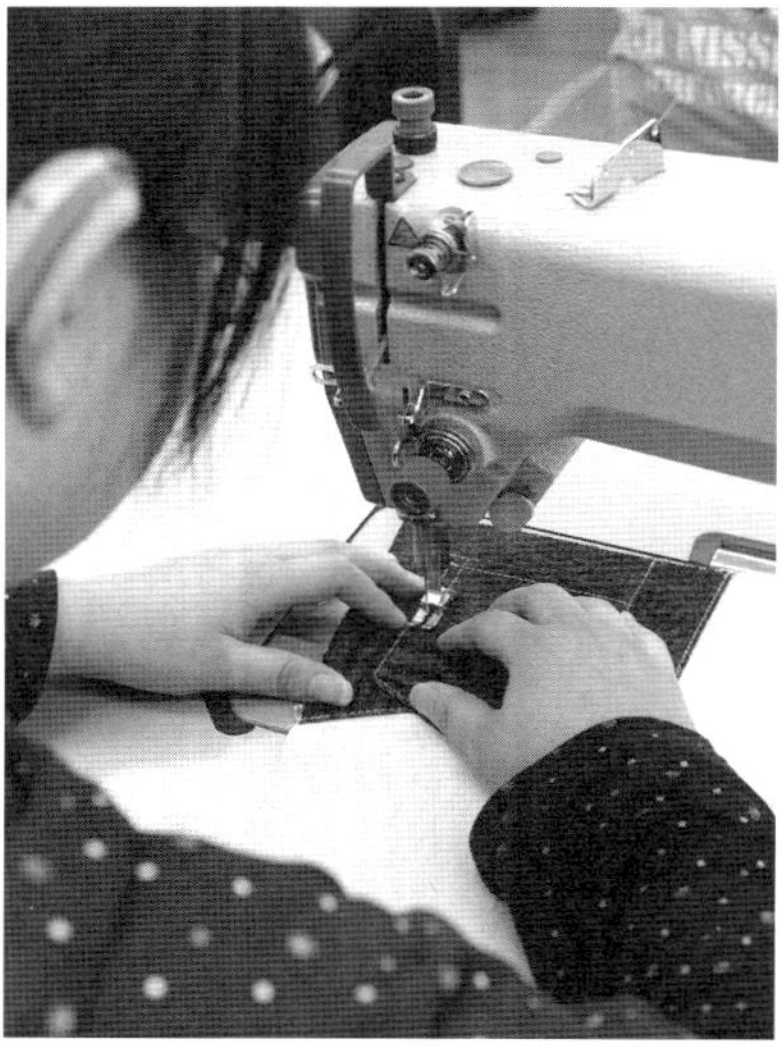

工場の中に、軽快《けいかい》なミシンの音がひびく

このとき作った袋《ふくろ》を元にして、のちにSHIRO《シロ》というバッグのブランドを立ちあげた

した。手提《てさ》げ袋《ぶくろ》です。

「第一号《だいごう》の製品《せいひん》は、なにがふさわしいか考えました。そして、これにしたんです」

漁師《りょうし》さんが、冷《ひ》やかすようにいいました。

「大きな袋《ふくろ》だ。秀子《ひでこ》さんって、体は小さいけど、やることはでっかいなあ」

「大は小をかねるでしょ。大きいほうが、なんでも入っていいと思いました。みなさん、どうぞ一つずつもらってください」

秀子《ひでこ》さんは、集《あつ》まっているみんなに配《くば》りました。

「これが、あのときにあったら、助《たす》かったでしょうねえ」

女の人たちが、身動《みうご》きが取れずに不自由《ふじゆう》だった、避難所《ひなんじょ》の日々を思いだしています。避難所《ひなんじょ》には、タンスがありませんでしたから、見られたくない下着《したぎ》や化粧品《けしょうひん》なども、出しっぱなしでした。

おばあさんたちは、「わあ、大きいねえ。これじゃあ、お大尽様《だいじんさま》になりそうだよ」と、ふくふくしています。

あかちゃんのいるお母さんは、「これからだって、大助《おおだす》かりだわ。なんでもぽんぽん入れられて、使《つか》いやすいもの」と、持《も》っていた荷物《にもつ》を放《ほう》りこみました。

「おれらを寒《さむ》さから守《まも》ってくれていたデニムが、こんなに立派《りっぱ》になったのかあ」

「あのときの記念《きねん》だね。宝物《たからもの》、宝物《たからもの》」

「これを使《つか》っていると、工場で寝泊《ねと》まりしていたころを思いだして、どんなことでもがんばれると思うな、きっと」

漁師《りょうし》さんたちが話しています。

「おれらも、デニムさんに続《つづ》こうぜ」

「そうだ。復興《ふっこう》に向《む》けて出発《しゅっぱつ》だ」

工場のみんなも広場のみんなも、やる気をこめて、こぶしを高くかかげました。

その後、工場では、袋《ふくろ》を三百枚《まい》、仕上《しあ》げました。自衛隊《じえいたい》の人に、消防署《しょうぼうしょ》の人に、警察《けいさつ》、役所《やくしょ》、ボランティアの人たちに、「おかげさまで」の感謝《かんしゃ》の気持《きも》ちと、「復興《ふっこう》に向《む》けて歩きだします」の決意《けつい》の印《しるし》に、袋《ふくろ》を受《う》け取《と》ってもらいました。

秀子《ひでこ》さんは、洋《ひろし》さんたちと相談《そうだん》して、働《はたら》きたい人をつのることにしました。

そう決《き》めると、すぐにハローワーク（公共職業安定所《こうきょうしょくぎょうあんていじょ》）に出向《でむ》いて、社員募集《しゃいんぼしゅう》をかけます。雇用形態区分《こようけいたいくぶん》は、正社員《せいしゃいん》です。契約社員《けいやくしゃいん》とか、パートタイマーとか、区別《くべつ》はしません。もし、元の仕事《しごと》にもどれるときがきたら、いつでも辞《や》めてよいことにしました。

この募集内容《ぼしゅうないよう》には、秀子《ひでこ》さんの考えが表《あらわ》れています。みんなが、ミシンを動《うご》かせなくてもいい。みんなが、製品《せいひん》を作りだせなくてもいい。働《はたら》きたい人は、その人の特性《とくせい》に合わせて働《はたら》いて、仕事《しごと》をする喜《よろこ》びを味《あじ》わいながら、一日一日を生きていこうと、よびかけたかったのです。

津波《つなみ》におそわれて、一カ月たった今、気仙沼地域《けせんぬまちいき》で働《はたら》いていた人の七十五パーセントが、仕事《しごと》を失《うしな》っていました。働《はたら》ける人、働《はたら》きたい人が大勢《おおぜい》いるのに、仕事《しごと》がないのですから、一日でも早く働《はたら》く場所《ばしょ》を提供《ていきょう》したいと考えたのです。

最初《さいしょ》のうちは、仕事《しごと》を教える手間ばかりかかって、ほとんどなにも作れない人に対《たい》して、賃金《ちんぎん》を払《はら》わなければならないかもしれません。ですが、それでもいいと考えました。

オイカワデニムには、工場が残《のこ》っています。支援物資《しえんぶっし》も全国《ぜんこく》からとどいてくるし、お得意《とくい》さんや取《と》り引き先の人も、オイカワデニムの復興《ふっこう》を願《ねが》って、次々《つぎつぎ》と工場へかけつけてくれます。

しばらくは、まだたくさんは作れないけれど、そのうち軌道《きどう》に乗《の》ってきたら、収益《しゅうえき》はプラスに転《てん》じるでしょう。

今は、持《も》っているものを分かちあいながら、こまっている者同士《ものどうし》いっしょに働《はたら》くこと、それが未来《みらい》のためになるのだと、秀子《ひでこ》さんは考えていました。

どろだらけの宝物《たからもの》

津波《つなみ》のあとの秀子《ひでこ》さんの願《ねが》いは、「この日一日、力いっぱい生きる」になりました。「この日を生きられた。だから明日もがんばろう」。そうやって、避難所《ひなんじょ》に集《あつ》まるみんなのことを考えながら、毎日せいいっぱいすごしました。

避難所《ひなんじょ》の一日は、朝の話し合いからはじまります。

四月十九日の朝のこと。

「秀子《ひでこ》さんは、いつも他人《たにん》のことばっかりだ。国道沿《ぞ》いの倉庫《そうこ》だって、どうなったか、まだ見にいってないんだろう？　おれ、明日デニムさんの倉庫《そうこ》を見にいこうと思ってるんだけど、だれかいっしょにいかないかい？」

ガレキのかたづけならまかせろとばかりに、「いく、いく」「おれも」と、次々《つぎつぎ》に力自慢《じまん》の男性《だんせい》たちが手を挙《あ》げました。まるで「父《とう》ちゃん会」ができたようです。秀子《ひでこ》さんも、倉庫《そうこ》のことがずっと気になっていました。でも、秀《ひで》子《こ》さんは、地区《ちく》の人のためにやらなければならないことがあります。倉庫《そうこ》のことは、父《とう》ちゃん会にまかせることにしました。

「あそこは、まともに津波《つなみ》にのまれたから、ガレキがひどいと思うわ。けがをしないようにお願《ねが》いしますよ」

翌日《よくじつ》の夕方、倉庫《そうこ》のガレキをかたづけにいった、父《とう》ちゃん会の一行がうれしそうに帰ってきました。

「秀子《ひでこ》さんは、どこ?」

秀子《ひでこ》さんは、まだ出かけていました。秀子《ひでこ》さんは、日中は地域《ちいき》のためにあちこち走り回っていますが、夕方にはもどってきて、まだ家に帰れずに工場のはしっこで避難所《ひなんじょ》生活を続《つづ》けている人たちと、夕飯《ゆうはん》を食べることにしていたので、そろそろ帰ってくるころです。

「まさかまさかの出来事《できごと》だ。秀子《ひでこ》さん、おどろくぞお」

「みんな、ないしょだぞ。夕飯《ゆうはん》のときに話すんだから」

お父《とう》さんたちは、おたがいに口止めしています。いつもはそれぞれの家で夕飯《ゆうはん》を食べる人も、そのまま残《のこ》っていっしょに夕飯《ゆうはん》を待《ま》ちました。

秀子《ひでこ》さんが帰ってくると、父《とう》ちゃん会の三浦兼男《みうらかねお》さんが、立ちあがりました。

「今日、倉庫《そうこ》の近くで、見つけたんだ」

と、いうなり、つかつかと歩いてきて、どろだらけになったジーンズが入ったかごを見せてきました。後ろポケットの上についている革《かわ》パッチに「零《ぜろ》」の文字《もじ》があります。「STUDIO ZERO《スタジオゼロ》」のジーンズです。

「どうしたの、これ?」

父《とう》ちゃん会の人たちが、にやにやしながら、秀子《ひでこ》さんの顔を見守《みまも》っています。

「倉庫《そうこ》に残《のこ》っていたの？」

秀子《ひでこ》さんは、たずねずにはいられませんでした。倉庫《そうこ》には、仕上《しあ》がったジーンズが五千本、保管《ほかん》してありました。それに、ミシンをはじめ、たくさんの機械《きかい》も入っていました。

「倉庫《そうこ》は、やられてたよ。すっかり持《も》っていかれてた」

「じゃあ、これは？」

秀子《ひでこ》さんは、ジーンズをにぎりしめて聞きました。

「地面《じめん》にうまってたんだよ。ガレキの下にあったんだ」

「おどろいたのは、上」

父《とう》ちゃん会の人が、人差《ひとさ》し指《ゆび》で天井《てんじょう》を指《さ》しました。

倉庫《そうこ》は平屋建《ひらやだ》てで、上にはなにもありません。秀子《ひでこ》さんが首をかしげると、

「これは、杉《すぎ》の木のてっぺんに、引っかかってたんだ」

津波《つなみ》に流《なが》されてどろだらけになったSTUDIO ZERO《スタジオゼロ》のジーンズ

かつて倉庫《そうこ》があった場所《ばしょ》。現在《げんざい》は、復興事業《ふっこうじぎょう》の建設資《けんせつし》材《ざい》おき場として使用されている

そういいながら、もう一本のジーンズを秀子《ひでこ》さんの手に乗《の》せました。

倉庫《そうこ》は、トラックが出入りしやすいように、敷地《しきち》のおくにあります。倉庫《そうこ》と海の間は、少し高い丘《おか》のようになっていて、風よけの杉《すぎ》の木が植《う》えられていました。

倉庫《そうこ》の中のジーンズを、地面《じめん》の中にうめこんだり、杉《すぎ》の木のてっぺんまで持《も》ちあげたり、小さな小学校の校庭《こうてい》ほどもある敷地《しきち》で、津波《つなみ》はどんな動《うご》きをしたのでしょう。

「それでも、このジーンズたちは、残《のこ》っていたのね」

その日、拾《ひろ》ってきたジーンズは、全部《ぜんぶ》で四十六本ありました。感動《かんどう》して、思いがあふれてきて、秀子《ひでこ》さんの胸《むね》は痛《いた》いくらいでした。

拍手《はくしゅ》がわきあがって、自然《しぜん》に笑《え》みがこぼれます。「すごい」「よかった」と、みんなが口々にいいあっています。

津波《つなみ》以来《いらい》、心から笑《わら》ったのは、このときがはじめてでした。

後日、女性《じょせい》たちが、このジーンズを川へ持《も》っていって、ポケットの中や、縫《ぬ》い目の間に入った砂《すな》やどろを、ていねいにあらい落《お》としました。

「すごいわ。どこもやぶれてない」

「ミシン目一つ、切れてない。うちの糸、麻《あさ》でできているから、わたしたちは縫《ぬ》いにくいけれど、それが、お客《きゃく》さんのためになっているって、証明《しょうめい》されたわけね」

糸や布《ぬの》だけではありません。リベットといわれるジーンズを補強《ほきょう》するための金具《かなぐ》も特別《とくべつ》なものを使《つか》っていたので、まったくさびていませんでした。

「元気出るわあ。丹精《たんせい》こめて作ったジーンズたちが、生きて帰ってきたんだもの」

工場前の広場に、ヨーロッパの展示会《てんじかい》で絶賛《ぜっさん》されたジーンズがほされました。「こいのぼり」ならぬ「ジーンズのぼり」が、春風に乗《の》って泳《およ》いでいます。

第《だい》4章《しょう》

避難所《ひなんじょ》から生まれたもの

ひらめきは雑談《ざつだん》から

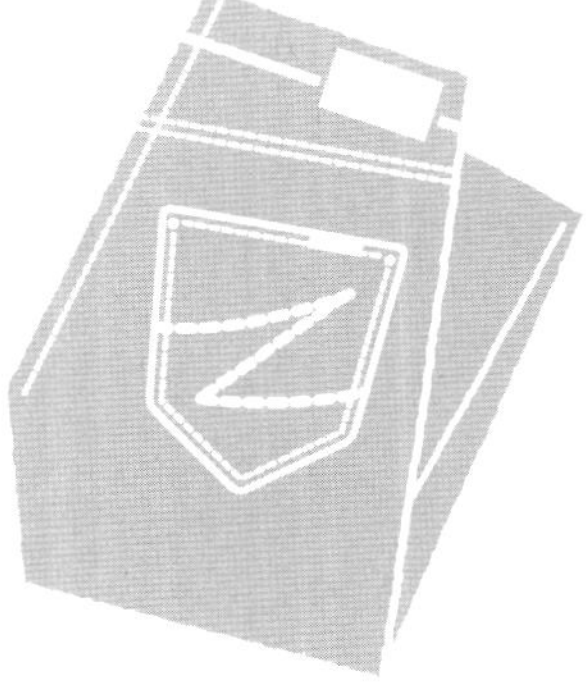

工場前の広場では、ときどきお金のいらないバザーがもよおされました。全国《ぜんこく》から送《おく》られてきた救援物資《きゅうえんぶっし》を、みんなでてきぱきと分類《ぶんるい》して、ところせましとならべます。衣料品《いりょうひん》、食料品《しょくりょうひん》、雑貨《ざっか》などコーナーに分けて、見やすいようにまとめられています。

バザーの日には、お年寄《としよ》りがお茶を飲《の》みにきては、飼《か》い猫《ねこ》が余震《よしん》にびくびくするようになってしまったとか、東京の孫《まご》から大きな字で書いた手紙がきたとか、一日中、おしゃべりをしていきます。将棋《しょうぎ》がはじまることもありました。

また、工場前の広場は、ときどき宴会場《えんかいじょう》にもなりました。取《と》り引き先の人や、なじみのお客《きゃく》さんが、物資《ぶっし》を運《はこ》んできてくれたときは、秀子《ひでこ》さんや従業員《じゅうぎょういん》はもちろん、漁師《りょうし》さんたちも集《あつ》まってきて手厚《てあつ》くもてなしました。そこには、洋《ひろし》さんも必《かなら》ず交ざりました。

漁師《りょうし》さんたちは、打《う》ちとけると、いろんな話をしてくれました。中でも遠洋《えんよう》での漁《りょう》の話は、男っぽくて、大胆《だいたん》で、あらっぽい。それに、どこかロマンがありました。洋《ひろし》さんは、それが好《す》きでした。冒険心《ぼうけんしん》とチャレンジ精神《せいしん》にとんでいる洋《ひろし》さんの好奇心《こうきしん》をくすぐるのです。

その日も、救援《きゅうえん》にきてくれた広島《ひろしま》の取《と》り引き先の人を囲《かこ》んで、宴会《えんかい》になりました。おたがいの仕事《しごと》のおもしろさを語っているうちに、思い出話がはじまりました。

「高校を卒業《そつぎょう》して、将来《しょうらい》を決《き》めるとき、大工になるか漁師《りょうし》になるか、どっちかだったんだ。おれは、漁師《りょうし》を選《えら》んだ。そして、遠洋漁業《えんようぎょぎょう》のマグロ船に乗《の》った。おれは遠洋漁業《えんようぎょぎょう》が、心底好《しんそこす》きだったよ。

広い海原《うなばら》に網《あみ》を仕《し》かけるときは、こうふんしたなあ。やつらと、勝負《しょうぶ》がはじまるんだから。ただなんとなく仕《し》かけるだけじゃ、マグロはつかまらない。経験《けいけん》を力にすることもあるし、ひらめきが力になることもあるんだ」

洋《ひろし》さんは、興味津々《きょうみしんしん》で耳をかたむけます。

工場前の広場で行われたバーベキュー。みんなで「日本一明るい避難所《ひなんじょ》」と自負《じふ》していた

となりの漁師《りょうし》さんが、話にわりこみます。

「おれは、津波《つなみ》の前までは、マカジキ、メカジキ、タラをとってたんだ。特《とく》にメカジキをとるのが好《す》きでな。

やつは、群《む》れで泳《およ》がない。一ぴきで、思いっきり泳《およ》いでる感《かん》じだな。せびれを水面《すいめん》に出して泳《およ》いだり、水面《すいめん》からジャンプすることもあるんだが、海の底深《そこふか》くまでもぐることもある。自由《じゆう》なやつといえるかな。そいつを、モリでしとめるわけだ。おれら漁師《りょうし》は、それを棒打《ぼうう》ちっていうんだが、一騎打《いっきう》ちっぽい感《かん》じがするだろ。

めったにない大物《おおもの》をしとめたときは、体が丸ごと喜《よろこ》ぶんだよなあ。体中の元気の玉が、爆発《ばくはつ》してる感《かん》じだな。もちろん、からぶりのときもある」

今度《こんど》は自分が話す番と、年輩《ねんぱい》の漁師《りょうし》さんが話しだします。

「不漁《ふりょう》のときは、めったにない大漁《たいりょう》のときを思いうかべるんだ。あの漁《りょう》がもう一度《いちど》くれれば、一回や二回のからぶり、へのかっぱだ。うまくいかなかった漁《りょう》のことなんか、ふっ飛《と》ばしてしまうんだ。

メカジキの漁《りょう》は、かけみたいなところがある。あの棒打《ぼうう》ちの緊張感《きんちょうかん》は、一度経験《いちどけいけん》するとやめられないぜ」

漁師《りょうし》さんの活気のある話に、洋《ひろし》さんの顔も紅潮《こうちょう》しています。

つかまるまいとするメカジキと格闘《かくとう》する漁師《りょうし》さん。しぶきが飛《と》び、うずがまき、船の上と海の中での一歩もゆずらない戦《たたか》い――。洋《ひろし》さんは、その光景《こうけい》を想像《そうぞう》しながら聞きます。

「メカジキは、上あごがツノみたいに、長くつきだしているだろ。吻《ふん》っていうんだけど、あれが剣《けん》みたいに強い。

あいつ、性格《せいかく》はあらっぽいんだ。船にだってクジラにだって、ぶつかっていくんだよ。あれにつきさされて、死《し》んだ漁師《りょうし》もいたそうだ。そのスリルがあるからこそ、燃《も》えるってこともあるんだがね」

冒険活劇《ぼうけんかつげき》を聞いている気がして、洋《ひろし》さんの中にいる少年の血《ち》がさわいでいます。

「あと、メカジキは、利用価値《りようかち》が高くて、ほとんどのところが食える。刺《さ》し身《み》、煮付《につ》けはもちろん、フライやムニエルにしてもうまい。それに、骨《ほね》はスープの出汁《だし》になるし、皮《かわ》を使《つか》った料理《りょうり》もある。でもな、たった一つ、すてるしかないところがあるんだ。長くとがったツノ、あれだよ」

剣《けん》にたとえられるメカジキの最大《さいだい》の特徴《とくちょう》だけが、すてられているというのです。洋《ひろし》さんの顔が引きしまりました。

「とがったツノ、すてているんですね」

「ああ、海にすててくることもあるけれど、こっちの水産加工会社《すいさんかこうがいしゃ》が切ってすてることもあるよ」

長さ１メートルをこえるメカジキのツノ

洋《ひろし》さんは、仕事《しごと》をする男の顔になって、さらに身《み》を乗《の》りだします。

「とがったツノ、強いんですよね」

「ああ、凶器《きょうき》になるくらい、強い」

洋《ひろし》さんは、念《ねん》をおします。

「で・す・よ・ね」

お客《きゃく》さんがきていることもわすれて、洋《ひろし》さんの目が、キラキラしています。

なにかひらめいたようです。

メカジキジーンズ

みなさんは、『ザ・トゥルー・コスト――ファストファッション　真の代償《だいしょう》』という映画《えいが》をご存知《ぞんじ》でしょうか。華《はな》やかなファッション業界《ぎょうかい》の裏側《うらがわ》にある、知られざる真実《しんじつ》を描《えが》きだしたドキュメンタリーです。わたしは、その映画《えいが》のことを洋《ひろし》さんから教えてもらい、観《み》てみることにしました。

映画《えいが》では、最初《さいしょ》に、バングラデシュの首都《しゅと》ダッカ近くの、倒壊《とうかい》したビルがうつしだされました。たくさんの死者《ししゃ》が出て、まだ生きうめになっている人が数えきれないほどいる事故現場《じこげんば》は、騒然《そうぜん》としています。犠牲者《ぎせいしゃ》の中には、そのビルの中にある縫製《ほうせい》工場で働《はたら》く女の人たちが多くいました。

バングラデシュには、服《ふく》を作る工場が五千軒《けん》以上《いじょう》もあり、そこで働《はたら》く人たちは四百万人をこえています。安《やす》い労働力《ろうどうりょく》を求《もと》めて、世界中《せかいじゅう》の経営者《けいえいしゃ》たちが、バングラデシュだけでなく開発途上国《かいはつとじょうこく》に工場を建《た》てています。そこでは、どんなに悪《わる》い環境《かんきょう》でも、悪《わる》い労働条件《ろうどうじょうけん》でも、働《はたら》かざるを得《え》ない人たちが、毎日、服《ふく》を作っているのです。

『ザ・トゥルー・コスト』の次《つぎ》のシーンでは、アメリカ・テキサス州《しゅう》の綿花《めんか》畑《ばたけ》がうつしだされます。世界最大《せかいさいだい》の綿花栽培地帯《めんかさいばいちたい》です。

この綿花畑《めんかばたけ》に、ときどき、トラクターや小型飛行機《こがたひこうき》があらわれます。今

『ザ・トゥルー・コスト
ファストファッション　真《しん》の代償《だいしょう》』
監督《かんとく》：アンドリュー・モーガン
配給《はいきゅう》：ユナイテッドピープル
製作国《せいさくこく》：アメリカ
製作年《せいさくねん》：2015 年

© TRUECOSTMOVIE

バングラデシュの縫製《ほうせい》工場で働《はたら》く女性《じょせい》たち。田舎《いなか》の家族《かぞく》を養《やしな》うため、若《わか》いうちから一人で出稼《でかせ》ぎにきている人も多い

© TRUECOSTMOVIE

農薬《のうやく》によって土地が汚《お》染《せん》されるだけでなく、人間への健康《けんこう》被害《ひがい》も問《もん》題《だい》になっている

では当たり前の光景《こうけい》ですが、かつて人間の手でやっていたことを、機械《きかい》が代《か》わってやっているのです。

長い間、人間は、綿《めん》が育《そだ》ち花をさかせ、実《み》をつける、自然《しぜん》のリズムと調和《ちょうわ》して働《はたら》いてきました。この枝《えだ》に虫がついたとか、この株《かぶ》の育《そだ》ちが悪《わる》いというように、その都度《つど》ようすを気づかって、手当てしてきたのです。

ところが、生産性《せいさんせい》を上げるためには、そんなもどかしいことはしていられません。害虫《がいちゅう》が出る前に、畑全体《はたけぜんたい》に農薬《のうやく》を散布《さんぷ》しよう、人の手で草取《くさと》りなんてしていたら時間がかかりすぎるから、除草剤《じょそうざい》をまこう、となりました。そして、ついには、害虫《がいちゅう》や農薬《のうやく》に強く、生産性《せいさんせい》の高い綿花《めんか》を作るため、遺伝子《いでんし》を組みかえて品種改良《ひんしゅかいりょう》したものが栽培《さいばい》されるようになったのです。

ですが、これでいいのかと考える人が出てきました。大地が持《も》つ自然《しぜん》の力が弱ってしまったと、心配《しんぱい》しているのです。彼《かれ》らは、このままでは大地がやせ、やがて綿花《めんか》の収穫《しゅうかく》が望《のぞ》めなくなると警告《けいこく》していました。

この映画《えいが》では、目新しいものを好《この》む消費者《しょうひしゃ》の行動《こうどう》にも目が向《む》けられていました。

そして、大量生産《たいりょうせいさん》、大量消費《たいりょうしょうひ》、つまり、使《つか》いすてをよしとする経済活動《けいざいかつどう》、手軽《てがる》さに流《なが》れる生活スタイルについて、一度《いちど》立ち止まって考えてみないかと、問《と》いかけていました。

映画《えいが》を観終《みお》えたわたしは、普段《ふだん》何気なく着《き》ている服《ふく》が、世界《せかい》の経済《けいざい》と関係《かんけい》しているのだと、思い知らされました。

生活スタイルのことも考えさせられましたが、ショックだったのは、このままいけば、綿花《めんか》の生産量《せいさんりょう》はどんどん落《お》ちていくと試算《しさん》されていたことでした。

オイカワデニムで作っているジーンズの原反《げんたん》も、すべて綿《めん》の糸から作られています。日本は綿《めん》をほぼ百パーセント輸入《ゆにゅう》にたよっていますから、このままいけば、いつか原反《げんたん》を作れなくなってしまいます。

洋《ひろし》さんは、そのことを映画《えいが》が公開《こうかい》される前から知っていて、日本でジーンズを作り続《つづ》けるには、新しい糸の開発《かいはつ》が必要《ひつよう》だと、ずっと考えていたのです。

（気仙沼《けせんぬま》はメカジキの水揚《みずあ》げ日本一の町だ。廃棄《はいき》されるツノは年間四十トンともいわれている。そのすてられるメカジキのツノを、糸にまぜて生かすことができたら……）

洋《ひろし》さんのひらめきは、これでした。

突拍子《とっぴょうし》もないアイデアに思えますが、洋《ひろし》さんには勝算《しょうさん》がありました。繊《せん》維業界《いぎょうかい》ではすでに、竹やバナナの茎《くき》などを加工《かこう》して綿《めん》にまぜた糸が開発《かいはつ》されていましたし、洋《ひろし》さん自身《じしん》も、過去《かこ》にサトウキビを使《つか》った糸の開発《かいはつ》に関《かか》わった経験《けいけん》があったのです。凶器《きょうき》になるぐらいかたいツノなら、デニムを作るための丈夫《じょうぶ》な繊維《せんい》のようなものが、取《と》りだせそうだと感《かん》じました。

（ツノは、もとはタダだ。でも、もし実現《じつげん》して買いあげることができたら、漁師《りょうし》さんたちの収入《しゅうにゅう》がふえるじゃないか）

洋《ひろし》さんのそのアイデアを応援《おうえん》しようと、地元の銀行《ぎんこう》や大学などが協力《きょうりょく》してくれて、二〇一三年には新素材生地《しんそざいきじ》の開発《かいはつ》チームが立ちあげられました。ですが、最初《さいしょ》の実験《じっけん》は失敗《しっぱい》に終《お》わりました。ツノから繊維《せんい》のようなものは、取《と》りだせませんでした。

それならばと、次《つぎ》は、ツノを粉《こな》にして、糸にまぜこむというアイデアに挑戦《ちょうせん》です。

ツノを粉《こな》にするのは、宮城県《みやぎけん》にある食品《しょくひん》メーカーの力を借《か》りました。この会社では、コンドロイチンがふくまれた健康食品《けんこうしょくひん》を作るために、貝殻《かいがら》を粉《こな》にしたり動物《どうぶつ》の骨《ほね》やツノを粉《こな》にしたりする技術《ぎじゅつ》を持《も》っていました。

しかし、メカジキのツノは、かたいだけでなく弾力《だんりょく》もあるため、粉砕機《ふんさいき》で一回や二回くだいても、糸とまざるほど小さくはなりません。それでもあきらめずに四回くだいたとき、ようやく〇・五ミクロンまで細かくなったので、糸にまぜられる可能性《かのうせい》が出てきました。

さっそくまぜてみます。しかし、綿《めん》九十パーセントに対《たい》してたった十パーセントの粉《こな》をまぜただけなのに、焼《や》き魚のにおいがしてきました。服《ふく》から、こうばしいにおいがするのではこまります。

「においを消《け》すには、どうしたらいいでしょう？」

「粉《こな》を焼《や》いて、炭《すみ》にしてはどうですか」

「たしかに炭《すみ》は、におい消《け》しになるなあ」

さっそく実験《じっけん》に入ります。炭《すみ》の色を気にしながら、何度《なんど》も何度《なんど》も実験《じっけん》は進《すす》められました。

成功《せいこう》です。

綿《めん》六十パーセントに対《たい》して、メカジキの粉《こな》を四十パーセントまぜてもにおいは出ず、求《もと》めていた糸ができました。糸の色は、粉《こな》を炭《すみ》にしたのでやっぱり黒いのですが、日本の高度《こうど》な染色《せんしょく》技術《ぎじゅつ》で、そこはなんとかなります。最《さい》後《ご》は、岡山県《おかやまけん》の繊維《せんい》工場に託《たく》して、二〇一五年の九月に、待望《たいぼう》の美《うつく》しくて強いデニム生地《きじ》ができあがりました。

「メカジキジーンズ、実験成功《じっけんせいこう》だあ！」

洋《ひろし》さんは、開発《かいはつ》チームのみんなとハイタッチしました。漁師《りょうし》さんたちも、喜《よろこ》ぶにちがいありません。今まで、すてていたものが売れるということもありますが、水揚《みずあ》げ量《りょう》日本一をほこるメカジキを使《つか》った「Made《メイド》 in《イン》 気仙沼《けせんぬま》」のジーンズが生まれたのですから。

この実験《じっけん》の成功《せいこう》は、すばらしい可能性《かのうせい》を開《ひら》いたことになりました。この技《ぎ》術《じゅつ》を使《つか》えば、今まですてるしかなかった、あらゆるものを使《つか》って、服《ふく》を作ることができるかもしれません。

「メカジキジーンズは、これからのファッション業界《ぎょうかい》を切り開《ひら》く、舳先《へさき》になった」

洋《ひろし》さんは、やる気に満《み》ちあふれていました。

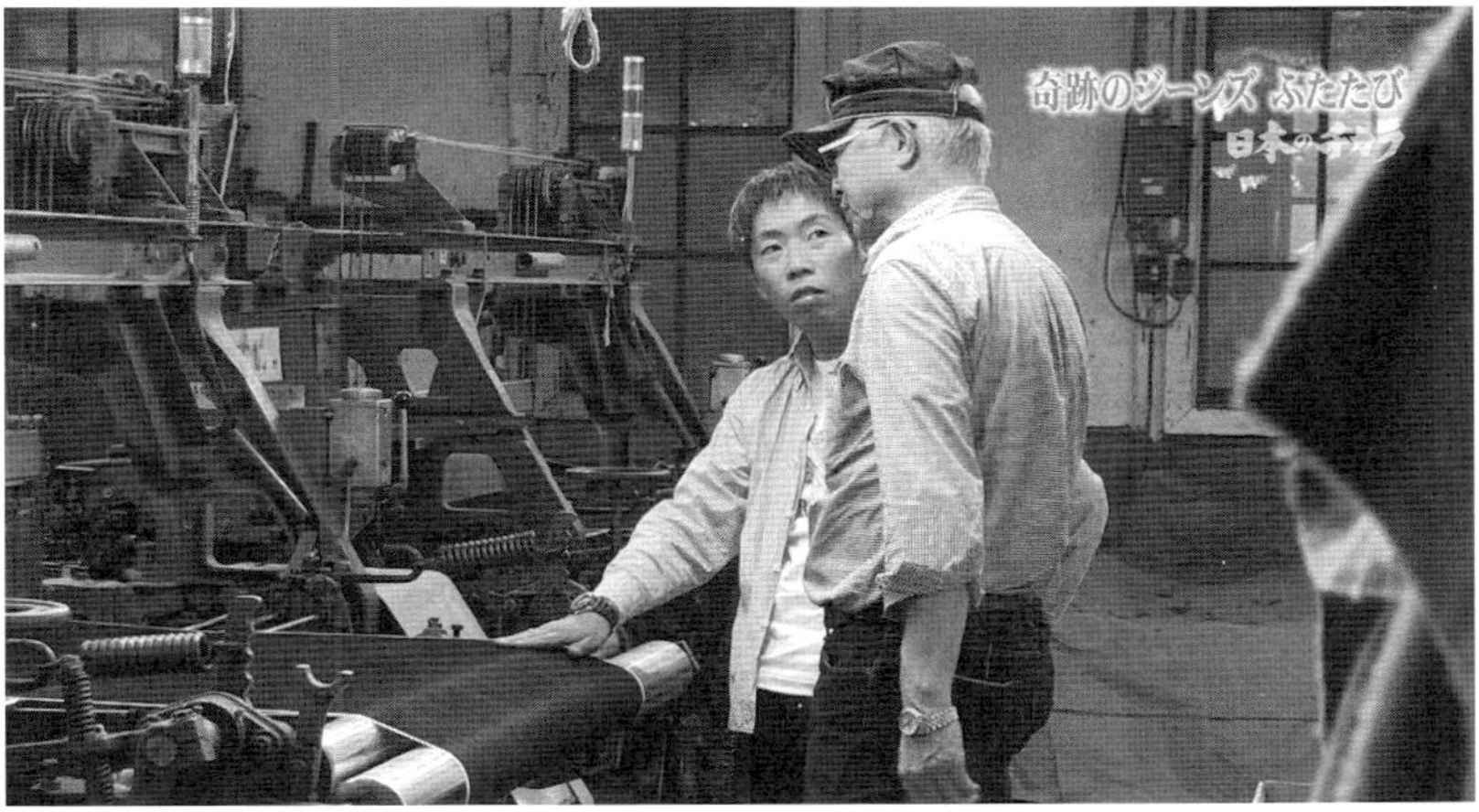

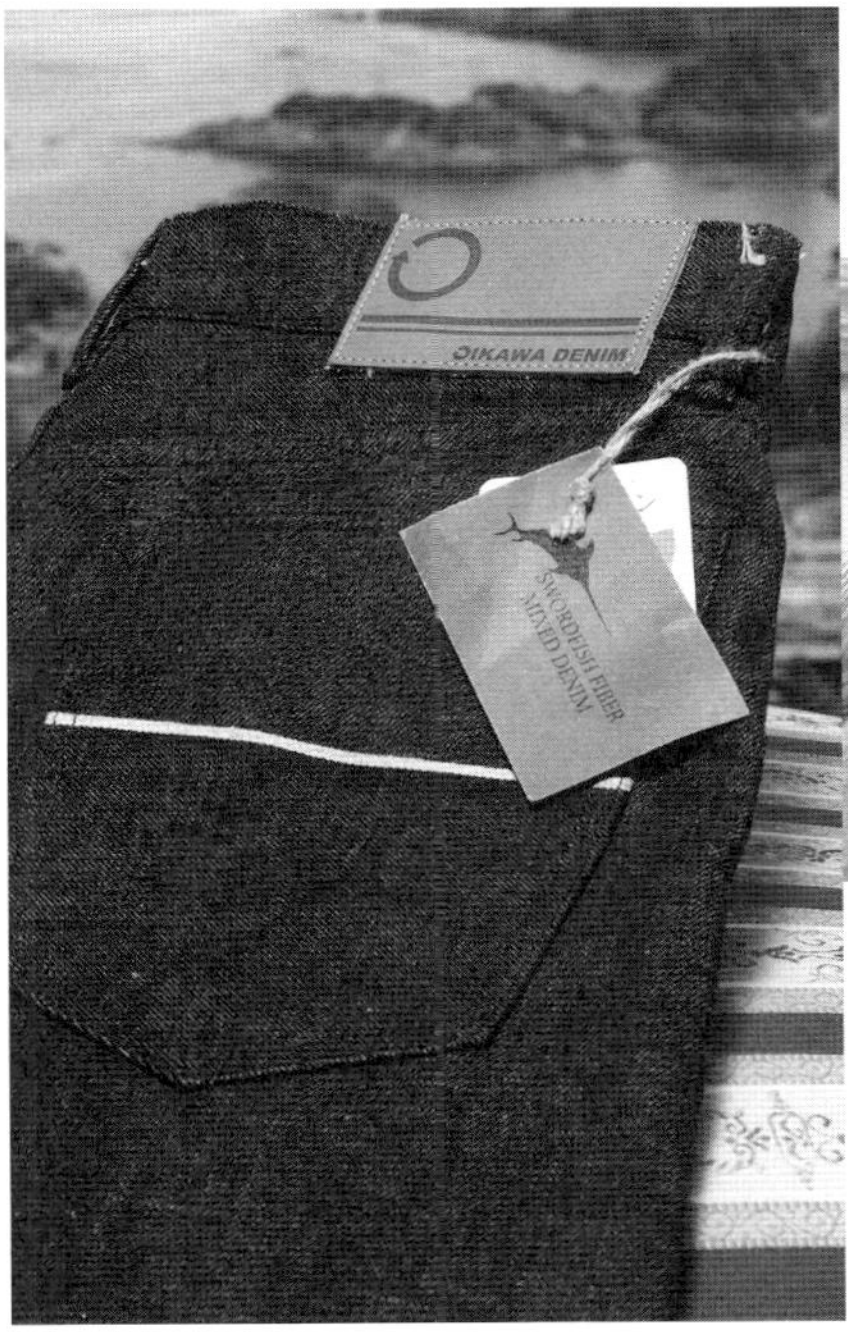

岡山県《おかやまけん》の繊維《せんい》工場の社長と、新しいデニム生地《きじ》について打ちあわせをする洋《ひろし》さん(写真《しゃしん》左)

メカジキのツノをまぜた糸は、通常の糸より保湿《ほしつ》効果《こうか》や脱臭《だっしゅう》効果《こうか》が高いといわれている

気仙沼《けせんぬま》を象徴《しょうちょう》する魚であるメカジキのツノを使《つか》ったジーンズは、大きな反響《はんきょう》をよんだ

芽組《めぐみ》、たんじょう

春の日差《ひざ》しがあたたかく感《かん》じられるようになると、漁師《りょうし》さんたちは、自分たちの仕事《しごと》の再開《さいかい》について考えるようになりました。

「海なら、おれ、もっと実力《じつりょく》が出せるんだがなあ」

「でも、おれらは、養殖場《ようしょくじょう》がなくなって、海の仕事場《しごとば》がなくなったものなあ。残《のこ》っているのは、命《いのち》だけだ」

「〝だけ〟とはなんだ、〝だけ〟とは。残《のこ》った命《いのち》のために、秀子《ひでこ》さんは、ちっちゃい体でおれたちまで守《まも》ろうとがんばってたんだぞ。おれは、出直すぞ。裸一貫《はだかいっかん》で、またスタートするぞ」

「でも、おれの船、津波《つなみ》に持《も》っていかれたからなあ。動《うご》こうにも動《うご》けないよ」

津波《つなみ》がくる前、この漁師《りょうし》さんたちは、蔵内《くらうち》の浜《はま》から二キロメートルほど沖合《おきあい》で、ホヤやワカメやホタテの養殖《ようしょく》をしていました。蔵内《くらうち》の浜《はま》は、オイカワデニムの工場から東の方角、直線距離《きょり》にして五百メートルくらいのところにある浜《はま》です。

漁師《りょうし》さんたちは、一人一人が自分の養殖場《ようしょくじょう》を持《も》っていて、農家《のうか》の人が畑《はたけ》にいくように、自分の船に乗《の》り、自分の養殖場《ようしょくじょう》へいって仕事《しごと》をしていたのです。

「一そうだけ残《のこ》ったうちの船、みんなで使《つか》ってもらえないか?」

「ほんとうにいいのか? それはありがたい。よろしくたのむよ」

「しっかり働《はたら》いて、また船持《ふなも》ちになろうや。どうだい、ないもの同士《どうし》、力を合わせないか」

「いいな。おれも、仲間《なかま》に入れてくれ」

こうして仲間《なかま》ができました。仲間《なかま》の名前は、「蔵内之芽組《くらうちのめぐみ》」に決《き》まりました。

「芽組《めぐみ》」には「海のめぐみ」という意味《いみ》と、自分たちが「復興《ふっこう》の芽《め》」になって、みんなを元気にしていきたいという願《ねが》いがこめられています。

「かっこいい名前だなあ。働《はたら》く場所《ばしょ》が、しっかり入っているのがいいよ」

「名前負《ま》けしないように、しっかりやろうぜ」


まずは、津波《つなみ》でなくなった土俵《どひょう》を作らねばなりません。

土俵《どひょう》とは、ワカメやホタテなどを育《そだ》てる養殖棚《ようしょくだな》を固定《こてい》するために、海底《かいてい》にしずめるおもりのことで、袋《ふくろ》に砂利《じゃり》をつめて作ります。これがないと、養《よう》殖棚《しょくだな》は波《なみ》に流《なが》されてしまいます。

目標《もくひょう》は、六千個《こ》です。

「六千個《こ》だなんて、無理《むり》だよ」

「おれたちの思いに共感《きょうかん》してくれる人はいるはずだ。今までだって、日本の各地《かくち》から、ボランティアにかけつけてくれた人がいたじゃないか。あの人たちにたのんでみよう」

芽組《めぐみ》の仲間《なかま》たちは、本吉地区《もとよしちく》のボランティアセンターに、「力をかしてください」とよびかけました。すると、すぐにボランティアの人たちが、やってきてくれました。学生さんがいます。休暇《きゅうか》を利用《りよう》してやってきた会社員《かいしゃいん》の人がいます。

みんなあせまみれ、どろまみれで、砂利《じゃり》を袋《ふくろ》につめ、一袋《ふくろ》五十キログラムほどの土俵《どひょう》を、次々《つぎつぎ》に作っていきます。それを、一そうだけ残《のこ》った船に積《つ》んで、沖合《おきあい》の養殖《ようしょく》場《じょう》予定地《よていち》に、何度《なんど》も何度《なんど》もしずめにいきました。

土俵《どひょう》は、一つまた一つと、海の底《そこ》に積《つ》みあがっていきます。

二〇一一年の十月には目標《もくひょう》にしていた大きさの養殖《ようしょく》場《じょう》が完成《かんせい》し、十一月にはワカメの種《たね》つけをはじめました。

あのとき、ふりだした雪にふるえながら、ぼうぜんとして見つめた海が、また、めぐみの海になろうとしています。日焼《ひや》けした笑顔《えがお》を見交わすたびに、「きっとうまくいく」「また元気に働《はたら》ける」と、喜《よろこ》びがわいてきます。

漁師《りょうし》さんたちは、てきぱきと働《はたら》きました。道具《どうぐ》がなくなっても、腕《うで》にしみついた技術《ぎじゅつ》はなくなっていません。

「来年の春が楽しみだあ。三陸《さんりく》ワカメの収穫《しゅうかく》ができるなあ」

「上等《じょうとう》のワカメを収穫《しゅうかく》するぞ」

芽組《めぐみ》の仲間《なかま》は、毎日、お日様《ひさま》より早く起《お》きて、浜《はま》に出ていきます。

翌年《よくねん》二月からはじまる収穫《しゅうかく》に向《む》けて、いそがしい毎日が続《つづ》きます。

震災《しんさい》前はそれぞれ独立《どくりつ》して仕事《しごと》をしていた漁師《りょうし》さんたちが、力を合わせて会社を立ちあげた

大漁旗《たいりょうばた》がアクセント

仮設住宅《かせつじゅうたく》が次々《つぎつぎ》に建《た》ちはじめ、避難所《ひなんじょ》の閉所式《へいしょしき》もせまってきた二〇一一年七月。班長会《はんちょうかい》で、漁師《りょうし》さんたちから「避難所祭《ひなんじょまつ》り」の開催《かいさい》について提案《ていあん》がありました。亡《な》くなった方がたくさんいるのに、祭《まつ》りをするのは不謹慎《ふきんしん》ではないか、という意見《いけん》も出ました。が、漁師《りょうし》さんたちは、こんなときだからこそ祭《まつ》りは必要《ひつよう》だと熱弁《ねつべん》をふるいました。

「このままだと、気仙沼《けせんぬま》の水産業《すいさんぎょう》は、だめになってしまう。生きている者《もの》が、気仙沼《けせんぬま》の漁業《ぎょぎょう》を守《まも》る意気込《いきご》みを見せたいんだ。

それに、被災《ひさい》するまで、『おはよう』『おたっしゃで』くらいの軽《かる》いあいさつしかしなかった人たちにも、漁師《りょうし》の祭《まつ》りを見てもらいたいんだ」

その思いが、みんなにも伝《つた》わり、祭《まつ》りは行われることになりました。

祭《まつ》りは漁師《りょうし》さんたちにとって、ハレの日です。会場のあちこちに、大漁《たいりょう》旗《ばた》がかざられました。

避難所《ひなんじょ》にたまっていたエネルギーが、気持《きも》ちよく爆発《ばくはつ》しました。

祭《まつ》りのあとかたづけをしているとき、洋《ひろし》さんが大漁旗《たいりょうばた》をていねいにたたんでいると、漁師《りょうし》さんが、「これはすてるぞ」と、何事《なにごと》もないようにいいました。力強い絵柄《えがら》が原色で描《えが》かれた、祭《まつ》りのもりあげに大いに役立《やくだ》った大《たい》漁旗《りょうばた》です。

洋《ひろし》さんは、ぎょっとしました。

「すてる？　どうして？」

「大漁旗《たいりょうばた》は、縁起物《えんぎもの》だからね」

大漁旗《たいりょうばた》は、大漁《たいりょう》を喜《よろこ》ぶ船が、港《みなと》に帰ってくるときにかかげますが、気仙《けせん》沼《ぬま》では、それだけでなく、昔《むかし》から福《ふく》が来る旗《はた》「福来旗《ふらいき》」とよばれ、縁起《えんぎ》のいいものとしてよく使《つか》われてきました。

「縁起物《えんぎもの》がよごれたら、ゲンが悪《わる》いから、すてるんだよ」

祭《まつ》りに使《つか》った大漁旗《たいりょうばた》は、たしかに少しよごれていました。

（ゲンが悪《わる》いからって、こんなにいいものを、すてるの？　すてるなんて……）

洋《ひろし》さんは、どうしてもすてたくありませんでした。避難所祭《ひなんじょまつ》りが、楽しかったせいもあります。でもなにより、大漁《たいりょう》の喜《よろこ》びをはらんでひるがえる大漁旗《たいりょうばた》には、力があると感《かん》じたのです。

「すてないでください」

秀子《ひでこ》さんも、お願《ねが》いしました。

気仙沼《けせんぬま》の人たちにとって大漁旗《たいりょうばた》は身近《みぢか》な存在《そんざい》

「そうですよ、もったいない。生かしましょうよ」

秀子《ひでこ》さんは、昔《むかし》のことを思いだしていました。

秀子《ひでこ》さんが子どものころ、お母さんたちは「縫《ぬ》い直し」という家事《かじ》をしていました。子どもたちはすでに洋服《ようふく》でしたが、ほとんどのお母さんやおばあさんは、シーズンを通して二枚《まい》か三枚《まい》の着物《きもの》をくり返《かえ》し着《き》ていました。シーズンが終《お》わると、着物《きもの》をほどいて洗濯《せんたく》し、布《ぬの》に糊《のり》をつけてピンとさせ、あなやほつれを補修《ほしゅう》して、弱っている場所《ばしょ》の布《ぬの》は、力がかかりにくい場所《ばしょ》の布《ぬの》と交換《こうかん》して、着物《きもの》をよみがえらせました。

「縫《ぬ》い直し」は、布《ぬの》がたやすく手に入らない時代《じだい》の、欠《か》くことのできない家《か》事労働《じろうどう》でした。それが、近年なくなりました。服の文化《ぶんか》が、着物《きもの》から洋服《ようふく》へと変化《へんか》したこともありますが、大量生産《たいりょうせいさん》、大量消費《たいりょうしょうひ》という経済《けいざい》の流《なが》れこそが、大きなポイントでしょう。

オイカワデニムは、小さな会社です。弱肉強食の世界経済《せかいけいざい》の流《なが》れに、さからうことなどできません。それでも、秀子《ひでこ》さんも洋《ひろし》さんも、開発途上国《かいはつとじょうこく》の人たちに負担《ふたん》をかけないデニム製品《せいひん》を作りたいと願《ねが》っています。安《やす》く手に入って、すぐにすてられてしまう服《ふく》を作るために、どれだけの人が苦《くる》しい思いをしているか、知っているのです。

「大漁旗《たいりょうばた》は、復興《ふっこう》を目指《めざ》して縫《ぬ》ったバッグのポケット部分《ぶぶん》に、縫《ぬ》いつけましょう」

洋《ひろし》さんのアイデアは、どんどん広がっていきます。

「それから、漁師《りょうし》さんとコラボレーションして生まれた製品《せいひん》を、新しいブランドとして売りだすのはどうですか？」

「おれらも加《くわ》えてもらえるのかい」

「もちろんですよ。漁師《りょうし》さんと共同《きょうどう》生活した時間があったからこそ、生まれた製品《せいひん》じゃないですか」

こうして、避難所《ひなんじょ》生活から、また新しい商品《しょうひん》が生まれました。

第《だい》5章《しょう》　新たな出発《しゅっぱつ》

バトンをわたす

秀子《ひでこ》さんが、そろそろ家を建《た》てようと考えたのは、津波《つなみ》におそわれてから、六回目の春をむかえようとしている二〇一六年でした。新しい家の建築《けんちく》が次々《つぎつぎ》とはじまり、仮設住宅《かせつじゅうたく》を撤去《てっきょ》する話が出るようになったからです。

秀子《ひでこ》さんには、このときを待《ま》って、もう一つ、実行《じっこう》しようと決《き》めていたことがありました。

津波《つなみ》がなかったら、五年前にやろうとしていたことです。

二〇一六年十一月一日、秀子《ひでこ》さんは、みんなの前で発表《はっぴょう》しました。

「オイカワデニムの社長を、交代《こうたい》します。今日から、洋《ひろし》が社長です。みなさん、わたしのときと変《か》わらず、どうぞ力いっぱい働《はたら》いてください」

震災《しんさい》後、他《ほか》の仕事《しごと》をはじめた長男の昭彦《あきひこ》さんに代《か》わって、オイカワデニムの経営《けいえい》を支《ささ》えてきた洋《ひろし》さんに、社長のバトンをわたすことにしたのです。

秀子《ひでこ》さんの発表《はっぴょう》のあと、洋《ひろし》さんは、従業員《じゅうぎょういん》一人一人の顔をしっかり見ながら、社長就任《しゅうにん》の言葉《ことば》をのべました。

「ぼくは、新しく社長になりましたが、新しいことをじゃんじゃんやろうとは思っていません。今まで、みんなで積《つ》み重《かさ》ねてきた経験《けいけん》を生かしましょう。ぼくたちは、全員《ぜんいん》が津波《つなみ》の被害《ひがい》を受《う》けました。でも、力を合わせて乗《の》りこえました。この経験《けいけん》を、ぼくは大切にしたい」

洋《ひろし》さんは、一息《ひといき》つくと、この日のために考えたことを、一気に話しました。

「この会社は、社長や一部《いちぶ》の人が、もうけをひとりじめするようなことはしません。もうけたお金は、会社の将来《しょうらい》や研究《けんきゅう》のために使《つか》って、みんなが納《なっ》得《とく》いくように分けましょう。

働《はたら》き方についていては、津波《つなみ》のあとからはじめた自由《じゆう》な働《はたら》き方を、これからも生かしましょう。たくさんの時間働《はたら》ける人も、子育《こそだ》てや家の事情《じじょう》で、少しの時間しか働《はたら》けない人も、みんな社員《しゃいん》です。現在《げんざい》の状況《じょうきょう》が、ずっと続《つづ》くわけではありません。働《はたら》きざかりの人がやがて年を取《と》ったとき、今、子育《こそだ》て中の人は、働《はたら》きざかりをむかえるでしょう。

ぼくは、利益《りえき》を追《お》うだけでなく、くらしの充実《じゅうじつ》のために働《はたら》きたいし、みなさんにもそうやって働《はたら》いてほしいと思っています。

そして、これから大事《だいじ》にしていきたいのは、あらゆるものを『生かす』ことです。これからは、すてていたものにも目を向《む》けて、どうにか生かせないか考えていきましょう。

大量生産《たいりょうせいさん》、大量《たいりょう》消費《しょうひ》の社会は、どうしてもどこかにひずみが生まれます。ぼくは、次《つぎ》の世代《せだい》の子どもたちに、負《ふ》の遺産《いさん》を残《のこ》すことだけは、絶対《ぜったい》にしたくないと思っています。いい仕事《しごと》をしましょう。みなさん、よろしくお願《ねが》いします」

頭を下げる洋《ひろし》さんを、秀子《ひでこ》さんは、たのもしく思いました。

従業員《じゅうぎょういん》たちから、拍手《はくしゅ》が起《お》こりました。

(明《あきら》さんからわたし、わたしから洋《ひろし》へ、バトンがわたったわ。一針《はり》一針《はり》に心をこめて縫《ぬ》うていねいな仕事《しごと》ぶりと、東北人《とうほくじん》のやさしさとねばり強さがしみついたバトンが。あとは、若《わか》い人の力を信《しん》じてまかせるだけだわ。みなさん、よろしくお願《ねが》いしますね)

秀子《ひでこ》さんは、従業員《じゅうぎょういん》の一人一人に、心の中で頭を下げていました。

大波《おおなみ》小波《こなみ》をこえていけ

取材最終日《しゅざいさいしゅうび》、蔵内《くらうち》の浜《はま》を歩きました。

わたしは、養殖場《ようしょくじょう》を見ようと沖《おき》を見ましたが、夜は海のほうからおとずれるようで、闇《やみ》が海面《かいめん》をおおいはじめていて、養殖場《ようしょくじょう》は見えませんでした。

わたしたちは、漁師《りょうし》さんたちのたまり場になっているプレハブ小屋《ごや》にまねかれました。とれたてのホタテとホヤを焼《や》いてくれるそうです。

わたしは、いいにおいをかぎながら、この五年間の話を聞きました。

ワカメの収穫量《しゅうかくりょう》は、津波《つなみ》の翌年《よくねん》には、百パーセント回復《かいふく》したそうです。「ボランティアの人たちがみんなで作ってくれた、砂利《じゃり》入り袋《ぶくろ》のおかげだ」と、日焼《ひや》けした顔をほころばせながら語ってくれました。

「でも、ホタテは、まだ十分の一だよ」

「五年たっても？」

「そう。ホタテの養殖《ようしょく》には、稚貝《ちがい》を付着《ふちゃく》させるネットが必要《ひつよう》だから。毎年、少しずつネットを買ってふやしているんだけど、元にもどるまでにはまだまだだなあ」

「五年たっても、十分の一しかもどらないなんて……」

わたしが、思わずため息《いき》をついたら、

「でも、海があるからだいじょうぶ。さあ、食べて、食べて。おいしいから」と、焼《や》きたてのホタテとホヤを、取《と》り分けてくれました。

（海があるから、かあ……）

震災後《しんさいご》の苦《くる》しみをいっしょに乗《の》りこえた洋《ひろし》さん（写真《しゃしん》左）と蔵内之芽組《くらうちのめぐみ》のみなさん。それまで交わることのなかった人たちの間に、新しいきずなが生まれた

すべてをうばっていった津波《つなみ》と、このホタテやホヤを育《そだ》ててくれた海のゆたかなめぐみ。わたしの気持《きも》ちは、複雑《ふくざつ》です。

「よく育《そだ》ってますねえ。復興《ふっこう》の証《あか》し、おいしいです」

わたしは、心から漁師《りょうし》さんたちの健闘《けんとう》を祈《いの》りました。

取材《しゅざい》が長引いたので、帰りがおそくなりました。わたしたち三人は、また自動車《じどうしゃ》に乗《の》りこんで、やってきた道をもどります。気仙沼《けせんぬま》が遠くなります。

（津波《つなみ》の傷跡《きずあと》は、深《ふか》かったわ）

わたしは、心の中でつぶやきました。

人々のくらしを一変《いっぺん》させ、地形さえ変《か》えた津波《つなみ》ですから、再建《さいけん》とか復興《ふっこう》とかいっても、そう簡単《かんたん》にいくはずはありません。多くの人が懸命《けんめい》な努力《どりょく》を積《つ》み重《かさ》ねてきました。けれども、気仙沼《けせんぬま》は、五年半がすぎた今も復興途上《ふっこうとじょう》です。

わたしは、大きく手をふって見送《みおく》ってくれた及川秀子《おいかわひでこ》さんを想《おも》いました。

（秀子《ひでこ》さんは、こういっていた。「デニム製品《せいひん》というのは、人生ににていると思います。最初《さいしょ》は青くてかたくてゴワゴワしているんですけれどね。はいてよごして、よごれて切れて……何年もかけてやわらかくなる。ほつれたら、つくろえばいいじゃないですか。人生だって同じです。何回でもやり直しがきくのが、人生だから」って。わたし、すごい人に会っちゃった）

わたしは、目をつぶりました。秀子《ひでこ》さんの笑顔《えがお》がうかびました。

（そして、わたしは、新しい出発《しゅっぱつ》を見たわ――。バトンを受《う》け取《と》った洋《ひろし》さん）

洋《ひろし》さんが舵《かじ》を取《と》る船は、これからもファッション業界《ぎょうかい》という、波《なみ》のはげしい海を航行《こうこう》していきます。消費者《しょうひしゃ》は気まぐれです。進《すす》む先には、いったいどんな波《なみ》が待《ま》っていることでしょう。

ですが、どんなときでも、洋《ひろし》さんの船は、しっかり旗《はた》を上げて進《すす》んでいくにちがいありません。みんなの喜《よろこ》びが一つになる大漁旗《たいりょうばた》のような、「新しいデニムさん」の旗《はた》をひるがえして。「未来《みらい》の子どもに、負《ふ》の遺産《いさん》を残《のこ》さない服《ふく》を」とよびかけながら。

その思いに共感《きょうかん》する消費者《しょうひしゃ》は、今後ますますふえていくことでしょう。

（旗《はた》よ、ひるがえれ。洋《ひろし》さんなら、津波《つなみ》を乗《の》りこえた仲間《なかま》たちや「新しいデニムさん」の志《こころざし》に共感《きょうかん》する消費者《しょうひしゃ》と心を合わせて、大波《おおなみ》、小波《こなみ》をこえていくにちがいないわ）

わたしは確信《かくしん》に近い思いをいだいて、自動車《じどうしゃ》にゆられていました。

あとがき

わたしは、これまで、何人もの〝まさか〟にぶつかった人に、お目にかかってきました。そして、本に書いてきました。そのうちの一人、イギリス人のクリス・ムーンさんは、こんなことをいっています。

「人の人生を知ることは、おもしろいし、とても参考《さんこう》になるんです」

クリスさんは、一九九八年に長野《ながの》で開催《かいさい》された冬季《とうき》オリンピックの最終《さいしゅう》聖火《せいか》ランナーです。

彼《かれ》は、アフリカのモザンビークで地雷《じらい》を除去《じょきょ》するボランティアをしているとき、地雷《じらい》をふんで、右手と右足を失《うしな》ってしまいました。お見舞《みま》いにくる人はみんな、「大切な手と足がなくなって、気の毒《どく》だったね」と、同情《どうじょう》しました。

クリスさんは、「なくなった……」「失《うしな》った……」といわれるたびに元気がなくなったそうです。

そんなとき、上司《じょうし》の方がお見舞《みま》いにきて、例《れい》のごとく「手と足をなくして、ほんとうに残念《ざんねん》だったね」と、いいました。

すると、自分の口が勝手《かって》に動《うご》いて、「あります。左の手と足は、あります。右の手と足がなくなっても、クリスはなくなっていません。ここにいます」といっていたので、クリスさんは、自分でもおどろいたそうです。

そして、取材《しゅざい》するわたしに、日本の子どもたちに伝《つた》えてほしいといいました。

「人生には思いがけないことが起《お》こります。ぼくだって、ほんとうをいえば、地《じ》雷《らい》なんかふみたくなかった。人生には、あの人にもこの人にも、同じことが起《お》こるわけじゃない。それに、能力《のうりょく》だって、同じだけあたえられているわけじゃない。でも、あなたが持《も》っているものを生かして、あなたらしく生きてほしい。あなたの人生は、あなたに期待《きたい》していることに、気づいてほしいと」

わたしは、秀子《ひでこ》さんの話を聞きながら、（クリスさんと秀子《ひでこ》さん、にてる）と思いました。失《うしな》ったものに執着《しゅうちゃく》しないで、あるものを生かして、明日に向《む》かって生きていく生き方です。

『デニムさん――気仙沼《けせんぬま》・オイカワデニムが作る復興《ふっこう》のジーンズ』では、及川秀子《おいかわひでこ》さんの「人生」を書いた気がします。

人生？

この本を読んでくれた読者《どくしゃ》のみなさんは、もしかしたら、まだ人生のことなんて考えてみたこともないかもしれません。

わたしは、七十五歳《さい》です。人生の出口近くを歩いています。だからといって、「人生ってこういうものよ」なんて、いうつもりはありません。

わたしは、気がついたのです。わたしにも、明日がきます。わたしの知らない明日です。

そうです。だれにでも、年齢《ねんれい》に関係《かんけい》なく、一つ一つの命《いのち》に、その人らしい人生が、いっぱいにつまっていて、その命《いのち》に明日がくるのです。

（人生って、終《お》わるまで新しいんだ。新しいことはこわい。知らないことはこわい。でも、勇気《ゆうき》を出して前に進《すす》めば、思いがけない楽しい世界《せかい》が開《ひら》けるかもしれない。どきどきするなあ）

年を取《と》ったわたしも、若《わか》いあなたのように、明日という日に期待《きたい》しています。（人生って、見通せないからいいのかもしれない。人間って、どんな〝まさか〟のことが起《お》きても、生きていく力があるんだなあ）
わたしは、少し背筋《せすじ》をのばしています。

この本を書くにあたって、オイカワデニムの及川秀子《おいかわひでこ》さん、及川洋《おいかわひろし》さん、そして従業員《じゅうぎょういん》の方々、メカジキをとる漁師《りょうし》の三浦正一《みうらしょういち》さん、蔵内之芽組《くらうちのめぐみ》の三浦《みうら》伸一《しんいち》さん、及川敏《おいかわさとし》さん、及川淳宏《おいかわあつひろ》さんにお世話《せわ》になりました。
たくさんの人の思いがつまったこの本が、読者《どくしゃ》のみなさんの心にとどきますように。

今関信子《いまぜきのぶこ》

二〇一八年七月

今関 信子（いまぜき のぶこ）

1942年、東京に生まれる。幼稚園教員を経て、創作活動に入る。現在は児童文学とともに、こどもの遊び、文化、生活に広く関心を持ちながら活動している。日本児童文学者協会会員。作品に『小犬の裁判はじめます』（童心社）、『琵琶湖のカルテ』（文研出版）、『永遠に捨てない服が着たい』（汐文社）、『大久野島からのバトン』（新日本出版社）、『弥生人の心にタッチ！』（くもん出版）、『三河のエジソン』『ぼくらが作った「いじめ」の映画』『津波をこえたひまわりさん』（以上、佼成出版社）など多数。

《写真提供》

及川秀子：P11、P22、P25、P40、P50、P70、P78上・右下、P87上、P92
勝倉漁業株式会社：P8
ユナイテッドピープル株式会社：P98
東北放送／公益財団法人 民間放送教育協会：P105上

感動ノンフィクションシリーズ

デニムさん
気仙沼・オイカワデニムが作る復興のジーンズ

2018年7月30日　第1刷発行

著者＝今関信子
本文挿絵＝羽尻利門
発行者＝水野博文
発行所＝株式会社佼成出版社
〒166-8535 東京都杉並区和田2-7-1　電話（販売）03-5385-2323（編集）03-5385-2324
印刷所＝株式会社精興社
製本所＝株式会社若林製本工場
表紙デザイン＝藤井 涉（エイトグラフ）
http://www.kosei-shuppan.co.jp/
落丁本・乱丁本は送料小社負担にてお取り換えいたします。

ISBN978-4-333-02780-4 C8336 NDC916/128P/22cm